PLAN D'ÉTUDES

ET

PROGRAMMES

DE L'ENSEIGNEMENT SECONDAIRE

DES JEUNES FILLES

PRESCRITS PAR ARRÊTÉ DU 28 JUILLET 1882

PARIS
LIBRAIRIE HACHETTE ET Cie
79, BOULEVARD SAINT-GERMAIN, 79

EXTRAIT DU CATALOGUE

DE LA LIBRAIRIE HACHETTE & Cie

LIVRES

A L'USAGE DE L'ENSEIGNEMENT SECONDAIRE

DES JEUNES FILLES

LANGUE ET LITTÉRATURE FRANÇAISES

BRACHET. *Nouvelle grammaire française*, in-16. 1 fr. 50
BRACHET et **DUSSOUCHET.** *Petite grammaire française*, in-16. 80 c.
— *Exercices* sur la petite grammaire, in-16. 80 c.
— *Corrigé des exercices*, in-16. 1 fr.
LITTRÉ et **BEAUJEAN.** *Abrégé du dictionnaire de la langue française*, de Littré, in-8o, cartonné. 14 fr. 50
— *Petit dictionnaire universel*, in-16. 3 fr.
YON (A.-M.). *Sujets et modèles de composition française*, in-16. 2 fr.
ALBERT (Paul). *Cours de littérature*. 6 vol. in-16 :
— *La poésie*, études sur les chefs-d'œuvre des poètes de tous les temps et de tous les pays, in-16. 3 fr. 50
— *La prose*, études sur les chefs-d'œuvre des prosateurs de tous les temps et de tous les pays, in-16. 3 fr. 50
— *La littérature française* des origines à la fin du XVIe siècle. 1 vol. 3 fr. 50
— *La littérature française* aux XVIIe, XVIIIe et XIXe *siècles*. 3 vol. Chaque volume se vend séparément 3 fr. 50.
DEMOGEOT. *Histoire de la littérature française*. 1 vol. in-16. 4 fr.
— *Textes classiques de littérature française*. 2 vol. in-16. 4 fr. 50
LABBÉ. *Morceaux choisis des classiques français*. Prose et vers. 3 vol. in-16. 5 fr.
MERLET. *Études littéraires sur les classiques français*. 2 vol. in-16 :
I. Corneille; Racine; Molière. 1 vol. 4 fr.
II. Chanson de Roland; Joinville; Montaigne; Pascal; La Fontaine; Boileau; Bossuet; Fénelon; La Bruyère; Montesquieu; Voltaire; Buffon. 1 vol. 4 fr.
THÉATRE CLASSIQUE, nouvelle édition, revue par M. Adolphe Regnier, in-16. 3 fr.
WITT (Mme de), née **GUIZOT.** *Recueil de poésies* pour les jeunes filles, in-16. 2 fr.

LITTÉRATURE ANCIENNE

PELLISSIER. *les grandes leçons de l'antiquité classique* (*Orient, Athènes, Rome*), in-16. 4 fr.
PIERRON. *Histoire de la littérature grecque*, in-16. 4 fr.
— — — *romaine*, in-16. 4 fr.

ENSEIGNEMENT SECONDAIRE DES JEUNES FILLES

DOCUMENTS

ET

PLAN D'ÉTUDES

Paris. — Imp. Delalain frères, 1 et 3, rue de la Sorbonne.

PLAN D'ÉTUDES

ET

PROGRAMMES

DE L'ENSEIGNEMENT SECONDAIRE

DES JEUNES FILLES

Prescrits par Arrêté du 28 juillet 1882.

PARIS

LIBRAIRIE HACHETTE ET Cie

79, BOULEVARD SAINT-GERMAIN.

1882.

En publiant le *Plan d'Études et les Programmes de l'Enseignement secondaire des jeunes filles*, que nous avons disposés par ordre de classes, nous les avons fait précéder des principaux documents officiels relatifs à l'organisation de cet enseignement, et nous avons tâché, par quelques notes et renvois, de faciliter les recherches des renseignements qui peuvent être utiles.

Sur la demande de MM. Hachette et Cie, nous leur avons fourni un certain nombre d'exemplaires de ce programme, dont la disposition nous appartient.

Delalain frères

Septembre 1882.

ENSEIGNEMENT SECONDAIRE DES JEUNES FILLES.

DOCUMENTS OFFICIELS.

I. Loi relative à la création d'établissements destinés à l'Enseignement secondaire des jeunes filles (21 décembre 1880).

ARTICLE 1er. Il sera fondé par l'État, avec le concours des départements et des communes, des établissements destinés à l'enseignement secondaire des jeunes filles.

ART. 2. Ces établissements seront des externats.

Des internats pourront y être annexés sur la demande des conseils municipaux, et après entente entre eux et l'État. Ils seront soumis au même régime que les collèges communaux.

ART. 3. Il sera fondé par l'État, les départements et les communes, au profit des internes et des demi-pensionnaires, tant élèves qu'élèves-maîtresses, des bourses[1], dont le nombre sera déterminé dans le traité constitutif qui interviendra entre le ministre, le département et la commune où sera créé l'établissement.

ART. 4. L'enseignement comprend :

1° L'enseignement moral ;

2° La langue française, la lecture à haute voix et au moins une langue vivante ;

3° Les littératures anciennes et modernes ;

4° La géographie et la cosmographie ;

5° L'histoire nationale et un aperçu de l'histoire générale ;

6° L'arithmétique, les éléments de la géométrie, de la chimie, de la physique et de l'histoire naturelle ;

1. Voir, page XXXI, l'arrêté du 28 juillet 1882, qui a fixé les conditions d'obtention de ces bourses. — Le Certificat d'aptitude aux bourses dispense des examens d'admission, exigés pour l'entrée dans les différents cours de l'Enseignement secondaire des jeunes filles.

7° L'hygiène ;
8° L'économie domestique ;
9° Les travaux à l'aiguille ;
10° Des notions de droit usuel ;
11° Le dessin ;
12° La musique ;
13° La gymnastique[1].

ART. 5. L'enseignement religieux sera donné, sur la demande des parents, par les ministres des différents cultes, dans l'intérieur des établissements, en dehors des heures des classes.

Les ministres des différents cultes seront agréés par le ministre de l'instruction publique.

Ils ne résideront pas dans l'établissement.

ART. 6. Il pourra être annexé aux établissements d'enseignement secondaire un cours de pédagogie.

ART. 7. Aucune élève ne pourra être admise dans les établissements d'enseignement secondaire sans avoir subi un examen constatant qu'elle est en état d'en suivre les cours[2].

ART. 8. Il sera, à la suite d'un examen, délivré un diplôme aux jeunes filles qui auront suivi les cours des établissements publics d'enseignement secondaire[3].

ART. 9. Chaque établissement est placé sous l'autorité d'une directrice.

L'enseignement est donné par des professeurs hommes ou femmes munis de diplômes réguliers.

1. Les programmes de cet enseignement ont été prescrits par arrêté du 28 juillet 1882. Voir, à la suite des Documents officiels, le *Plan d'études de l'Enseignement secondaire des jeunes filles*.

2. Voir, page XXIII, l'arrêté du 28 juillet 1882, qui a déterminé les matières des examens d'admission.

3. Un arrêté du 28 juillet 1882 (page XXV) a fixé les conditions de l'examen de ce Diplôme de fin d'études. — Un autre arrêté de même date (page XXIV) a institué un Certificat d'études secondaires, délivré aux élèves des lycées et collèges de jeunes filles à l'expiration de la troisième année des cours.

II. Décret relatif à la création de lycées et de collèges de jeunes filles, en exécution de la loi du 21 décembre 1880 (28 juillet 1881).

Article 1er. Les établissements publics d'instruction secondaire pour les jeunes filles, institués par la loi du 21 décembre 1880 [1], sont ou des lycées de l'État ou des collèges communaux. Leur régime est l'externat.

Des internats peuvent y être annexés, sur la demande des conseils municipaux et après entente entre eux et l'État. Ces internats sont au compte des municipalités.

Art. 2. Pour obtenir la fondation d'un lycée, les villes devront, conformément à la loi du 15 mars 1850, art. 73 [2], faire les dépenses de construction et d'appropriation requises à cet effet, fournir le mobilier et les collections nécessaires à l'enseignement, assurer l'entretien et la réparation des bâtiments.

Les villes qui voudront établir un pensionnat près du lycée devront fournir le local et le mobilier nécessaires, et fonder pour dix ans, avec ou sans le concours du département, un nombre de bourses fixé de gré à gré avec le ministre. A l'expiration des dix ans, les villes et les départements seront libres de supprimer les bourses, sauf le droit acquis aux boursiers en jouissance de leur bourse.

Art. 3. Pour établir un collège communal de jeunes filles, toute ville doit, conformément aux prescriptions de la loi

1. Voir cette loi, page v.

2. Voici le texte de cet article :

« Toute ville dont le collège communal sera, sur la demande du conseil municipal, érigé en lycée, devra faire les dépenses de construction et d'appropriation requises à cet effet, fournir le mobilier et les collections nécessaires à l'enseignement, assurer l'entretien et la réparation des bâtiments.

« Les villes qui voudront établir un pensionnat près du lycée devront fournir le local et le mobilier nécessaires, et fonder pour dix ans, avec ou sans le concours du département, un nombre de bourses fixé de gré à gré avec le ministre. A l'expiration des dix ans, les villes et les départements seront libres de supprimer les bourses, sauf le droit acquis aux boursiers en jouissance de leur bourse.

« Dans le cas où l'État voudrait conserver le pensionnat, le local et le mobilier resteront à sa disposition, et ne feront retour à la commune que lors de la suppression de cet établissement. »

du 15 mars 1850, art. 74[1], satisfaire aux conditions suivantes : fournir un local approprié à cet usage et en assurer l'entretien ; placer et entretenir dans ce local le mobilier nécessaire à la tenue des cours, et à celle du pensionnat, si l'établissement doit recevoir des élèves internes.

Elle garantira, en outre, pour une période de dix ans au moins, les traitements fixes du personnel chargé soit de l'administration, soit de l'enseignement. Ces traitements seront considérés comme une dépense obligatoire pour la commune, en cas d'insuffisance des revenus propres de l'établissement.

Art. 4. L'État et les départements pourront concourir, par une subvention fixe, aux frais de première installation des lycées et collèges. Les bâtiments ainsi construits seront la propriété des villes qui auront réclamé le concours de l'État et du département, sous la réserve de leur affectation permanente au service de l'instruction publique. Si cette condition n'était plus remplie, la ville aurait à tenir compte à l'État et au département des subsides qu'elle en aurait reçus.

Art. 5. La comptabilité et le mode de contrôle en usage pour la gestion financière des lycées et collèges de garçons sont applicables aux établissements d'enseignement secondaire de jeunes filles.

Art. 6. Les rétributions à exiger des familles dans chaque établissement, pour frais d'externat, sont fixés par le décret d'érection, sur la proposition des recteurs, après avis du conseil académique et du conseil municipal.

Art. 7. Les bourses, soit d'internat, soit d'externat, fondées par l'État, les départements et les communes, seront

1. Voici le texte de cet article :

« Pour établir un collège communal, toute ville doit satisfaire aux conditions suivantes : fournir un local approprié à cet usage et en assurer l'entretien ; placer et entretenir dans ce local le mobilier nécessaire à la tenue des cours, et à celle du pensionnat, si l'établissement doit recevoir des élèves internes ; garantir, pour cinq ans au moins, le traitement fixe du principal et des professeurs, lequel sera considéré comme dépense obligatoire pour la commune, en cas d'insuffisance des revenus propres du collège, de la rétribution collégiale payée par les externes et des produits du pensionnat.

« Dans le délai de deux ans, les villes qui ont fondé des collèges communaux en dehors de ces conditions devront y avoir satisfait. »

concédées dans les mêmes conditions que celles accordées aux élèves des lycées et collèges de garçons, et pourront de même être fractionnées[1].

Art. 8. Le Conseil supérieur de l'instruction publique arrêtera le programme des examens à subir par les candidats aux bourses de l'État, des départements et des communes[2].

Art. 9. Un décret spécial déterminera le taux des bourses de l'État, et, s'il y a lieu, le prix et la composition du trousseau.

Art. 10. Le traité constitutif à intervenir entre le ministre, le département et la commune où sera créé l'établissement d'enseignement secondaire de jeunes filles, fixera le taux des rétributions à exiger des familles pour les frais d'études de l'externat ; déterminera la composition du personnel et le taux minimum des traitements, le nombre minimum des bourses à entretenir par chacune des parties, et le montant des subventions à fournir par la ville, le département et l'État, tant pour les frais de première installation que pour les dépenses annuelles; enfin, il indiquera si le mode de gestion sera la régie, ou si l'établissement sera administré au compte de la directrice.

Art. 11. Dans les collèges communaux de jeunes filles, l'administration municipale est responsable du payement des traitements des professeurs et des autres fonctionnaires de l'établissement, quel que soit le mode de gestion. Si le collège est en régie, elle est responsable également de tout déficit qui se produirait dans la gestion.

Art. 12. Un programme rédigé après avis du Conseil supérieur de l'instruction publique déterminera :

1° Le nombre des années d'études;

2° Les objets de l'enseignement dans chaque classe ;

3° L'emploi du temps (classes, études, récréations, repas, etc., etc.)[3].

1. Voir, page XXVIII, le décret du 28 juillet 1882, relatif à la collation des bourses dans les lycées et collèges de jeunes filles.

2. Voir ce programme dans l'arrêté du 28 juillet 1882, articles 5 à 9 (page XXXII).

3. Voir, à la suite des Documents officiels, le *Plan d'études de l'Enseignement secondaire des jeunes filles.*

ART. 13. Le ministre de l'instruction publique pourra annexer des cours de pédagogie aux lycées et collèges de jeunes filles. Ces cours seront rétribués par l'État.

ART. 14. Des classes primaires destinées à préparer des élèves pour les cours secondaires pourront être annexées aux lycées et collèges de jeunes filles.

ART. 15. Au moment de l'entrée dans le lycée ou collège, chaque élève aura à subir, devant une commission composée de la directrice et de deux professeurs ou maîtresses, un examen constatant quelle classe elle est en état de suivre. Il y aura, en outre, à la fin de chaque année scolaire, des examens de passage[1].

ART. 16. Les directrices des lycées et collèges de jeunes filles sont nommées par le ministre, sur la proposition des recteurs, après entente avec l'administration locale.

ART. 17. Le personnel enseignant est également nommé par le ministre. Toutefois, en cas d'urgence, le recteur peut pourvoir aux vacances, par délégation du ministre, et à la condition d'en référer immédiatement à l'administration supérieure.

ART. 18. Les traitements des directrices et des professeurs ou maîtresses seront soumis aux retenues pour le service des pensions civiles.

ART. 19. Les lycées et collèges de jeunes filles sont placés dans les attributions et sous l'autorité des inspecteurs généraux, des recteurs et des inspecteurs d'académie.

ART. 20. Près de chaque établissement secondaire de jeunes filles, il sera institué une commission investie des attributions des bureaux d'administration institués près des lycées et collèges. Les membres de cette commission seront nommés, pour trois ans, par le ministre. Des dames en feront nécessairement partie.

1. Voir, page XXIII, l'arrêté du 28 juillet 1882, relatif à ces examens.

III. Rapport présenté au Conseil supérieur de l'instruction publique, au nom de la Commission chargée d'examiner le projet d'organisation de l'Enseignement secondaire des jeunes filles, par M. Marion, membre du Conseil, rapporteur.

Messieurs, l'enseignement secondaire des jeunes filles, institué par la loi du 21 décembre 1880[1], a déjà fait l'objet d'un règlement d'administration publique soumis au Conseil dans sa dernière session et rendu exécutoire par décret du 28 juillet dernier[2].

L'article 12 de ce décret porte qu'un programme, rédigé après avis du Conseil supérieur de l'instruction publique, déterminera :

1° Le nombre des années d'études;

2° Les objets de l'enseignement dans chaque classe;

3° L'emploi du temps (classes, études, récréations, repas).

C'est ce programme que votre Commission avait à élaborer, et, sur ces divers points, elle vous apporte ses propositions.

Pour base de ses délibérations, elle avait un projet, préparé par la direction de l'enseignement secondaire et amendé par la section de permanence; elle s'est livrée à un examen approfondi de ce projet, en s'inspirant, avant tout, de l'esprit de la loi, puis en tâchant de satisfaire à tous les besoins auxquels l'enseignement nouveau doit répondre, sans justifier, s'il se pouvait, aucun des reproches que d'avance on lui adresse. Pour cela, elle n'a négligé aucun moyen d'informations, heureuse de mettre à profit toutes les indications utiles; elle en a trouvé surtout dans un travail préparatoire très solide dû à la Société pour l'étude des questions d'enseignement secondaire.

Le premier point à fixer était la durée de l'enseignement que nous avons à organiser.

D'un commun accord on a pensé qu'il devait commencer vers 12 ans et se prolonger jusqu'à 17; mais que cette durée normale de cinq années serait utilement divisée en deux périodes. Dans une première période de trois années seraient donnés les enseignements strictement obligatoires,

1. Voir cette loi, page v.
2. Voir le décret du 28 juillet 1881, page VII.

afin que les jeunes filles, nombreuses, on peut le craindre, que leurs familles reprendront vers l'âge de 15 ans, ne quittent pas le collège sans avoir reçu le bénéfice réel de l'instruction secondaire. Elles emporteraient un ensemble bien lié de connaissances bien digérées et de bonnes habitudes d'esprit; un examen permettrait de s'en assurer et un certificat en ferait foi[1].

La deuxième période serait de deux années, dans lesquelles les jeunes filles qui auraient du temps et du zèle recevraient une culture plus relevée.

Seul, l'enseignement de la première période sera donné dans des *classes* proprement dites; celui de la deuxième consistera en *cours*, dont une partie seulement sera obligatoire et commune; le reste sera facultatif, pour permettre à chaque élève de chercher sa voie, de choisir selon ses aptitudes et ses besoins.

Votre Commission a dû toutefois se demander s'il n'y aurait pas lieu d'introduire un certain ordre jusque dans ces cours facultatifs, en indiquant, par exemple, à l'élève deux directions dominantes : l'une littéraire, l'autre scientifique.

Cette division a paru désirable pour la bonne discipline de l'esprit, pour l'unité et le sérieux des études, à condition d'éviter avec soin tout ce qui pourrait la faire ressembler à la bifurcation, si justement décriée. Tous les cours principaux, tant scientifiques que littéraires, demeurent obligatoires jusqu'au bout; les cours facultatifs eux-mêmes seront disposés de telle sorte qu'une jeune fille puisse à la rigueur les suivre tous; les élèves enfin seront conseillées, guidées dans leurs choix, jamais contraintes. En un mot, tout en subordonnant la liberté des familles aux nécessités d'une éducation méthodique, la Commission s'est prononcée hautement pour cet essai de liberté, depuis longtemps réclamé. Elle estime que c'était le cas ou jamais, dans la constitution d'un enseignement nouveau, de faire cette heureuse innovation.

Voilà, Messieurs, les dispositions fondamentales de notre projet, quant à la durée et aux grandes divisions de l'enseignement secondaire des jeunes filles.

A la fin de la cinquième année, un diplôme sera délivré (c'est la loi même qui le veut); nous ajoutons : sera délivré à la suite d'un examen portant sur les matières obligatoires, avec interrogations sur les matières des cours facultatifs

1. Voir, page XXIV, l'arrêté du 28 juillet 1882, relatif à la délivrance de ce Certificat d'études.

suivis par l'élève[1]. Le vœu unanime de la commission est qu'on ne laisse pas dégénérer cet examen en une sorte de baccalauréat, exigeant au dernier moment un effort de mémoire, et comportant, par suite, une préparation plus ou moins hâtive; ce qu'elle conçoit, c'est un diplôme de fin d'études donné dans l'intérieur de la maison sous le contrôle d'un représentant de l'État. On le méritera presque sûrement par le seul fait d'avoir suivi tout le cours d'études, si dès le commencement ont lieu, comme nous le demandons, de sérieux examens de passage. Ces examens de passage devront porter sur toutes les matières étudiées par l'élève, y compris les matières facultatives, dans la période qui en comporte.

Conformément à l'article 6 de la loi[2] et à l'article 13 du décret[3], une sixième année pourra être ajoutée à ce cours normal d'études ; elle aura pour objet de préparer à des écoles ou à des carrières spéciales. Il a paru superflu d'en arrêter dès à présent le programme.

Mais la loi et le décret nous imposaient l'examen d'une autre question générale : comment arrivera-t-on à l'enseignement secondaire ? Quelles études devront le précéder ? L'article 14 du décret du 28 juillet 1881[4] dit que « *des classes primaires, destinées à préparer des élèves pour les cours secondaires, pourront être annexées aux lycées et aux collèges de jeunes filles.* » Elles *pourront* l'être ; mais elles ne le seront pas nécessairement : nous n'avons donc pas à organiser l'enseignement des classes préparatoires. Mais, d'autre part, aux termes de l'article 7 de la loi du 21 décembre 1880[5], « aucune élève ne pourra être admise dans « les établissements d'enseignement secondaire sans avoir « subi un examen constatant qu'elle est en état d'en suivre « les cours. » Cet examen d'entrée appelle nécessairement un programme. Il sera ultérieurement rédigé[6].

Vous aurez à déterminer à quelles conditions il faut satisfaire pour suivre avec fruit l'enseignement secondaire. Ce programme devra se faire attendre le moins possible ; il est nécessaire pour guider les familles, pour guider les maîtres, quels qu'ils soient, qui prépareront les élèves pour nos lycées et nos collèges. Un grand nombre de ces éta-

1. Voir, page XXV, l'arrêté du 28 juillet 1882, relatif à la délivrance de ce Diplôme.
2. Voir cet article, page VI.
3. Voir cet article, page X.
4. Voir cet article, page X.
5. Voir cet article, page VI.
6. Voir, page XXIII, l'article 1er et l'article 3 de l'arrêté du 28 juillet 1882.

blissements voudront sans doute s'annexer des classes élémentaires, afin de former eux-mêmes leurs recrues, et de peur que trop d'élèves, faute de cela, ne leur échappent ; mais il est à croire que la plupart des jeunes filles feront leurs premières études jusqu'à 12 ans, soit dans leurs familles, soit dans les écoles primaires, soit dans les institutions libres, et il est urgent d'indiquer à quelles exigences précises et communes elles devront satisfaire pour être admises à recevoir l'enseignement secondaire des lycées.

Étant ainsi fixées les limites de l'enseignement nouveau, restait à en régler la distribution dans ces limites. Ici encore tous les points essentiels ont trouvé votre Commission unanime : classes et cours d'une heure seulement, jamais plus ; large part faite au repos ; le jeudi rigoureusement réservé à la famille et au travail libre ; le temps de l'enseignement proprement dit réduit le plus possible au profit des exercices jusqu'ici réputés accessoires.

Résolus à subordonner les matières de l'enseignement au temps disponible, et à ne plus subir à aucun prix la nécessité inverse de trouver du temps, bon gré mal gré, pour tous les enseignements dignes d'intérêt, nous devions évidemment commencer par nous faire une idée précise de l'emploi de la journée.

Le Conseil, je l'espère, ne nous saura pas mauvais gré de lui donner sur ce point des détails minutieux, décidé, comme il paraît l'être, à éviter ici, coûte que coûte, cette surcharge des programmes, cet accablement des élèves, trop justement reproché à nos lycées de garçons. — Voici donc comment votre Commission concevrait la journée de l'enfant. Il n'est question, bien entendu, que des externes, libres ou surveillées, l'État devant le moins possible assumer la responsabilité de l'internat.

L'élève arrive au collège vers 8 heures. De 8 à 9 heures, classe ; — de 9 heures à 9 heures un quart, récréation ; — de 9 heures un quart à 10 heures un quart, classe. — A de certains jours, les externes libres rentrent alors dans leur famille, et les externes surveillées, après un quart d'heure de récréation, sont en étude de 10 heures et demie à midi ; mais, trois fois par semaine, les externes libres restent elles-mêmes jusqu'à midi, et cette même heure et demie (de 10 heures et demie à midi) est consacrée aux travaux à l'aiguille et aux exercices de gymnastique.

A midi, repas et récréation jusqu'à une heure et demie ; — une demi-heure d'étude pour les externes surveillées ; — classe de 2 heures à 3 heures ; — récréation de 3 heures à 3 heures un quart ; — de 3 heures un quart à 4 heures un quart, classe. — A ce moment les externes libres quittent la maison ; les externes surveillées, après trois quarts d'heure de repos, ont une ou deux heures d'études pour leurs devoirs, et ne se retirent qu'à 6 ou 7 heures, selon les régions, les saisons et le désir des familles.

Cela posé, nous pouvions procéder à la répartition des matières. Nous avons de la sorte 4 heures de classe par jour, soit vingt heures par semaine, le jeudi et le dimanche étant toujours saufs ; puis, trois fois la semaine, une heure et demie d'exercices en commun, soit 4 heures et demie par semaine ; en tout vingt-quatre heures et demie à répartir entre les divers enseignements.

De ces vingt-quatre heures, la Commission vous propose d'en accorder au maximum quinze ou seize à l'enseignement proprement dit, et d'en réserver au moins huit ou neuf aux exercices dits accessoires. En cela surtout notre projet diffère de celui qui nous était soumis, lequel imposait vingt heures d'enseignement dès la première année, et reléguait en dehors le dessin, la musique, la gymnastique, les travaux à l'aiguille. Nous avons tenu à ce que tous ces exercices eussent leur place marquée dans le tableau de chaque année, place prise sur le temps même des classes pour ceux qui supposent une certaine contention d'esprit (musique et dessin) et sur le temps de l'étude pour la gymnastique et la couture.

Vous voyez, messieurs, quelle est l'économie générale du projet ; j'achèverai de vous faire connaître l'esprit des résolutions que nous avons l'honneur de vous soumettre, en vous signalant pour chaque période, les principaux points sur lesquels s'est portée notre attention.

Dans les cinq années figurent au premier rang les études littéraires : langue et littérature françaises, langues vivantes, histoire générale et nationale. C'est l'ordre établi par la loi, et il nous a semblé qu'en effet, si quelque chose constitue essentiellement l'enseignement secondaire et doit le distinguer de l'enseignement primaire supérieur, c'est la culture littéraire, si propre à élargir et à assouplir l'esprit.

Il est dit en note que la lecture à haute voix fera partie de l'enseignement de la langue et de la littérature françaises ; la Commission aurait cru aller contre l'intention du législateur en faisant une place à part à cet enseignement délicat, qui ne serait pas sans danger le jour où, de simple moyen qu'il est pour l'intelligence plus fine de la langue et la culture du goût, il deviendrait une fin par lui-même.

Les langues vivantes, obligatoires d'un bout à l'autre, et que nous ne séparerons pas des littératures étrangères, seront, dès le début, enseignées dans des cours où les élèves seront groupées selon leur force. Chaque élève pourra apprendre deux ou plusieurs langues, mais successivement plutôt qu'à la fois. Une part sera faite à l'enseignement de l'italien et de l'espagnol, mais nous vous invitons à exiger d'abord l'anglais ou l'allemand, vu la supériorité incontestée de ces deux langues au point de vue, principal ici, de la gymnastique intellectuelle.

Peut-être vous étonnerez-vous de trouver répétée pour les deux premières années cette même formule : *Histoire naturelle (notions de zoologie et de botanique)*. — On a voulu que la botanique pût être enseignée durant deux belles saisons.

En troisième année commence l'enseignement de la morale. La loi le prescrit en première ligne ; mais il suppose, d'autre part, des esprits d'une certaine maturité : de là la place qu'on lui assigne. L'étude des littératures anciennes commence au même moment pour des raisons analogues. La physique et la chimie, ajournées jusque-là à dessein, au profit du calcul et des sciences naturelles, ont réclamé dans cette année trois heures ; on les leur a accordées sans conteste. Enfin, on n'a pas cru pouvoir reculer plus loin les notions d'hygiène et d'économie domestique. Ces nécessités diverses ont conduit à donner, dans cette troisième année, seize heures, au lieu de quinze à l'enseignement. Une heure a paru pouvoir être prise sans inconvénient sur le temps précédemment accordé à la musique. Notre première période se présente donc ainsi :

Examen d'entrée prescrit par l'article 7 de la loi du 21 décembre 1880, d'après un programme qui sera rédigé ultérieurement[1].

PREMIÈRE ANNÉE.

Langue et littérature françaises (La lecture à haute voix fait partie de l'enseignement de la langue et de la littérature françaises.)	5 heures.
Langues vivantes (anglais ou allemand)	3 heures.
Histoire générale et nationale. — Géographie	4 heures.
Calcul et géométrie élémentaire	2 heures.
Histoire naturelle (notions de zoologie et de botanique)	1 heure.
Total	15 heures

d'enseignement proprement dit.

Dessin et Écriture	3 heures.
Musique vocale	2 heures.
Total	20 heures.

Trois fois par semaine, après la classe du matin, Travaux à l'aiguille et Gymnastique.	Travaux à l'aiguille (une heure)	3 heures.
	Gymnastique (une demi-heure)	1 h. 1/2.
	En tout	24 h. 1/2.

1 Voir l'article 3 de l'arrêté du 28 juillet 1882, page XXIII.

Examen de passage.

DEUXIÈME ET TROISIÈME ANNÉES.

Comme au projet que vous avez sous les yeux.

Vous remarquerez, messieurs, que, dans les deux premières années, l'enseignement de l'écriture est adjoint à l'enseignement du dessin.

N'entrent dans la deuxième période que les élèves munies du certificat délivré au terme de la première.

Ici commencent les cours au lieu des classes; mais les cours obligatoires occupent encore douze heures. Nous vous proposons, j'ai dit pourquoi, de diviser les cours facultatifs en deux séries parallèles :

Série A (plutôt littéraire).	4	heures ;
Série B (plutôt scientifique).	4	—

soit seize heures d'enseignement pour la majorité des élèves qui ne suivront qu'une des deux séries; vingt heures pour celles qui, par exception, voudraient mener de front tous les cours.

Mais quelles matières convenait-il de mettre dans ces cours facultatifs? Fallait-il y faire une place aux langues anciennes? Le grec a été écarté sans débat; le latin n'a été défendu que comme utile pour la connaissance du français. Mais, à ce titre, nous vous proposons de donner, dans les deux dernières années, une heure par semaine à l'étude facultative des éléments de la langue latine.

Il nous a semblé que de futures mères de famille seraient heureuses plus tard de se trouver à même de surveiller les premières études de leurs fils. Quant aux littératures anciennes, elles obtiennent une place même dans les cours obligatoires, et une place principale dans les cours facultatifs de toute cette première partie.

La morale, commencée en troisième année, est reprise en quatrième; puis nous plaçons en cinquième année des notions de psychologie appliquée à l'éducation. Cet enseignement n'est pas indiqué par la loi; mais il a paru de nature à être compris et goûté des jeunes filles, et très propre à compléter leur culture.

Des exercices accessoires, deux seulement, les travaux à l'aiguille et la gymnastique, restent obligatoires jusqu'à la fin; la musique et le dessin deviennent facultatifs. Une jeune fille qui en aura précédemment pris le goût n'aura garde d'y renoncer; celles, au contraire, qui décidément n'y auraient point de dispositions, seraient inutilement contraintes.

La deuxième période s'offre donc à nous comme voici :

Quatrième Année.

Cours obligatoires.

Morale	1 heure.
Langue et littérature françaises. — Éléments de littérature ancienne	4 —
Langues vivantes et littératures étrangères	3 —
Histoire sommaire de la civilisation jusqu'à Charlemagne	2 —
Astronomie et cosmographie	1 —
Physiologie animale et végétale	1 —
Total	12 heures.

Travaux à l'aiguille et Gymnastique, trois fois par semaine, de 10 heures et demie à midi.

Cours facultatifs.

Série A	Littératures anciennes	3	4 heures.
	Éléments de langue latine	1	
Série B	Mathématiques	3	4 —
	Physique	1	
Musique			1 —
Dessin			3 —

Cinquième Année.

Comme au projet que vous avez sous les yeux.

Par ces mots: *Histoire de la civilisation*, nous entendons simplement l'histoire générale, reprise au point de vue des mœurs, des coutumes, des institutions, des arts.

Pour tous ces enseignements, des programmes devront être rédigés[1]. L'administration n'a pu encore les préparer ; vous aurez sans doute à les arrêter dans une prochaine session.

On peut se contenter, jusqu'à nouvel ordre, de ces indications générales ; mais le personnel actuellement existant

1. Ces programmes ont été fixés, à l'époque de la session ordinaire du Conseil supérieur en juillet 1882, par un arrêté du 28 juillet 1882. Voir, à la suite des Documents officiels, le *Plan d'études de l'Enseignement secondaire des jeunes filles*.

demande plutôt à recevoir une direction qu'à être livré à lui-même. Au reste, votre Commission ne s'exagère pas la vertu des programmes. L'avenir de l'enseignement que vous allez constituer est, avant tout, dans l'École normale supérieure de Sèvres.

Tel est, messieurs, le projet que nous avons l'honneur de vous présenter. Avec quelque soin qu'il ait été discuté, il vous paraîtra, sans doute, soulever encore bien des objections ; mais nous espérons que la plupart auront été prévues et pesées. A mesure qu'elles se produiront, votre Commission tâchera de vous expliquer les résolutions qu'elle vous apporte.

IV. Décret organisant l'enseignement secondaire des jeunes filles (14 janvier 1882).

ARTICLE 1er. L'enseignement secondaire des jeunes filles comprend cinq années d'études.

Il est divisé en deux périodes.

La première période est de trois années ; la seconde de deux années.

ART. 2. Dans la première période, les cours sont tous obligatoires. Dans la deuxième période, un certain nombre de cours sont obligatoires, les autres sont facultatifs.

ART. 3. La répartition des matières de l'enseignement sera fixée par un arrêté ministériel, après avis du Conseil supérieur de l'instruction publique[1].

ART. 4. A la fin de chaque année d'études, les élèves devront subir un examen pour passer dans une classe supérieure. Cet examen devra être également subi par les élèves qui viendront du dehors.

ART. 5. L'examen passé après la troisième année permettra de conférer un *Certificat d'études secondaires*[2].

ART. 6. Le *Diplôme de fin d'études secondaires* institué par l'article 8 de la loi du 21 décembre 1880[3] sera délivré à la suite d'un examen portant sur les matières obligatoires de l'enseignement des deux dernières années et sur celles des matières facultatives que désignera l'élève[4].

Le programme de cet examen et celui de l'examen d'entrée institué par l'article 7 de la loi précitée seront établis par arrêtés ministériels, après avis du Conseil supérieur de l'instruction publique[5].

1. Voir l'arrêté de même date, page XXI.
2. Voir, page XXIV, l'arrêté relatif à ce Certificat.
3. Voir cet article, page VI.
4. Voir, page XXV, l'arrêté relatif à ce Diplôme.
5. Voir les arrêtés du 28 juillet 1882, pages XXIII et XXV

V. Arrêté fixant la répartition des matières de l'enseignement secondaire des jeunes filles (14 janvier 1882).

Article 1er. Les matières de l'enseignement secondaire des jeunes filles seront réparties comme il suit dans les cinq années d'études :

Première période.

Première année (12-13 ans, âge minimum).

Langue et littérature françaises[1]	5 heures
Langues vivantes (anglais et allemand)	3 —
Histoire générale et nationale. — Géographie	4 —
Calcul et géométrie	2 —
Histoire naturelle : zoologie et botanique	1
Dessin et écriture	3 —
Musique vocale	2 —
	20 heures.

Deuxième année (13-14 ans).

Langue et littérature françaises[1]	5 heures.
Langues vivantes	3 —
Histoire générale et nationale. — Géographie	4 —
Arithmétique	2 —
Histoire naturelle : zoologie, botanique et géologie	1 —
Dessin	3 —
Musique vocale	2 —
	20 heures.

Troisième année (14-15 ans).

Morale	1 heure.
Langue et littérature françaises[1] ; littératures anciennes	4 —
Langues vivantes	3 —
Histoire générale et nationale. — Géographie	3 —
Géométrie	1 —
Physique et chimie	3 —
Physiologie, économie domestique et hygiène	1 —
Musique vocale	1 —
Dessin	3 —
	20 heures.

1. La lecture à haute voix fait partie du cours de langue et littérature françaises.

Deuxième période.

Quatrième année (15-16 ans).

(Cours obligatoires.)

Morale	1 heure.
Langue et littérature françaises[1]; littératures anciennes.	4 —
Langues vivantes; littératures étrangères	3 —
Histoire sommaire de la civilisation jusqu'à Charlemagne	2 —
Cosmographie	1 —
Physiologie animale et végétale	1 —
Physique[2]	1 —
	13 heures.

(Cours facultatifs.)

Littératures anciennes	3 heures.
Éléments de la langue latine	1 —
Mathématiques	3 —
Musique vocale	1 —
Dessin	3 —

Cinquième année (16-17 ans).

(Cours obligatoires.)

Éléments de psychologie appliquée à l'éducation	1 heure.
Langue et littérature françaises[1]; littératures anciennes.	3 —
Langues vivantes; littératures étrangères	3 —
Histoire de la civilisation de Charlemagne à nos jours.	2 —
Notions de droit usuel. — Économie domestique	1 —
Physique et chimie	2 —
	12 heures.

(Cours facultatifs.)

Littératures anciennes	2 heures.
Eléments de la langue latine	1 —
Géographie économique	1 —
Mathématiques	2 —
Physiologie animale et végétale	2 —
Musique vocale	1 —
Dessin	3 —

Art. 2. La durée des classes sera d'une heure: il y aura deux classes le matin et deux le soir, tous les jours de la semaine, sauf le jeudi et le dimanche.

Trois fois par semaine, après la classe du matin: Travaux à l'aiguille et Gymnastique.

1. La lecture à haute voix fait partie du cours de langue et littérature françaises.

2. Un arrêté du 28 juillet 1882 a reporté aux cours *obligatoires* de la quatrième année l'enseignement de la Physique, que l'arrêté du 14 janvier 1882 avait inscrit au nombre des cours *facultatifs*.

VI. Arrêté relatif aux programmes des cours primaires et aux examens d'admission aux cours secondaires dans les lycées et collèges de jeunes filles (28 juillet 1882).

ARTICLE 1er. Les programmes des cours primaires annexés aux lycées et collèges de jeunes filles seront préparés par la directrice et les professeurs de l'établissement et approuvés par le recteur de l'académie.

ART. 2. Les examens d'admission aux cours secondaires dans les lycées et collèges de jeunes filles seront subis devant une commission composée de la directrice et de deux professeurs de l'établissement.

ART. 3. Ces examens seront oraux. Ils porteront :

Pour la première année, sur les matières du programme du cours moyen de l'enseignement primaire obligatoire[1];

Pour les 2e, 3e, 4e et 5e années, sur les matières comprises dans les 1re, 2e, 3e et 4e années[2].

ART. 4. Le certificat d'aptitude aux bourses[3] dispensera de l'examen d'admission.

1. Voir ce programme, pages 21 à 25, dans l'*Organisation pédagogique des Écoles primaires publiques*, publié par la librairie Delalain.
2. Voir les programmes d'enseignement de la première année, pages 3 à 14; — de la deuxième année, pages 15 à 22 ; — de la troisième année, pages 23 à 35; — de la quatrième année, pages 36 à 46.
3. Voir, page XXXII, les articles 5 à 9 de l'arrêté du 28 juillet 1882, fixant les conditions d'obtention des bourses de l'Enseignement secondaire des jeunes filles.

VII. Arrêté relatif à la délivrance d'un Certificat d'études secondaires de troisième année aux élèves des lycées et collèges de jeunes filles (28 juillet 1882).

Article 1er. Il sera délivré un certificat d'études secondaires de troisième année à toute élève des lycées et collèges de jeunes filles qui aura satisfait aux épreuves de l'examen de passage de troisième en quatrième année.

Art. 2. Cet examen sera subi à la fin de la troisième année scolaire, à l'intérieur du lycée ou du collège, devant les professeurs de troisième année de l'établissement, réunis sous la présidence d'un délégué de l'administration académique, assisté de la directrice.

En cas d'empêchement ou d'ajournement, l'examen pourra avoir lieu au début de la quatrième année.

Art. 3. Les élèves seront interrogées sur les matières du programme de troisième année[1]. L'examen ne comprendra que des épreuves orales; mais il sera déposé sur le bureau, pour chaque jeune fille, un dossier comprenant les compositions qu'elle aura faites et les notes qu'elle aura obtenues pour ses devoirs au cours de l'année.

Art. 4. La nullité dans une des épreuves sera une cause d'exclusion.

L'exclusion sera également prononcée pour trois notes *mal*.

La note pour chaque épreuve sera proposée par l'interrogateur et fixée par tous les membres du jury d'examen. L'admission au certificat sera prononcée à la majorité des voix.

Art. 5. Le certificat d'études secondaires de troisième année sera délivré par le recteur. Il portera l'indication des notes obtenues par l'élève pour chaque matière; et, si elle a obtenu l'unanimité des suffrages, mention spéciale en sera faite.

Art. 6. Lorsqu'une élève, possédant déjà le certificat d'études secondaires de troisième année, aura subi avec succès, à la fin de la première année de la deuxième période, l'examen de passage de quatrième année en cinquième, ce résultat fera l'objet d'une mention supplémentaire ajoutée audit certificat.

1. Voir ce programme, pages 23 à 35.

VIII. Arrêté relatif à la délivrance d'un Diplôme de fin d'études aux élèves des lycées et collèges de jeunes filles (28 juillet 1882).

Article 1er. Il est institué près de chaque établissement public d'enseignement secondaire pour les jeunes filles (lycée ou collège) un jury chargé d'examiner les élèves qui se présenteront pour l'obtention du diplôme de fin d'études.

Art. 2. Ce jury, nommé par le ministre, sur la proposition du recteur, se réunit à la fin de l'année scolaire. Il est composé de six membres, ainsi qu'il suit :

Un délégué de l'administration académique, président;

La directrice du lycée ou du collège;

Deux professeurs de l'établissement et un professeur d'un autre établissement public d'enseignement secondaire;

Un professeur de langues vivantes.

Un examinateur spécial pourra être appelé à donner la note sur celles des matières facultatives que le jury ne serait pas en mesure d'apprécier.

Art. 3. Nul examen isolé ou collectif ne peut avoir lieu à une autre époque que celle qui est déterminée ci-dessus.

Art. 4. Toute aspirante doit déposer ou faire déposer, dans les délais fixés, au secrétariat de l'académie dans le ressort de laquelle est placé l'établissement public dont elle suit les cours, les pièces énumérées ci-après :

1° L'acte de naissance constatant qu'elle aura seize ans accomplis avant le 1er août de l'année où elle se présente;

2° Un certificat de la directrice constatant que l'aspirante a suivi régulièrement les cours de quatrième et de cinquième année.

Dans le cas où une aspirante n'aurait pas suivi les cours des deux dernières années dans un même établissement, elle subira les épreuves là où elle aura terminé ses études, et devra justifier de la scolarité complète.

Art. 5. L'aspirante doit, au moment de son inscription, désigner les matières facultatives[1] pour lesquelles elle opte.

Art. 6. Le registre d'inscription est ouvert vingt jours et clos cinq jours avant le commencement de la session.

1. Voir les matières facultatives des quatrième et cinquième années, pages 45 à 46, 57 à 59.

Art. 7. L'examen comprend des épreuves écrites et des épreuves orales.

Les *épreuves écrites* sont éliminatoires; elles portent sur les matières des cours de quatrième et de cinquième année[1]; elles sont au nombre de trois : 1° une composition littéraire; 2° une composition scientifique; 3° un thème et une version de langue vivante.

Trois heures sont accordées pour chacune de ces compositions. Les deux premières ont lieu le même jour, à trois heures d'intervalle; la composition de langues vivantes a lieu le lendemain. Les sujets sont donnés par le recteur.

Les aspirantes sont placées sous la surveillance d'un des membres du jury autre que la directrice.

Il n'est laissé à la disposition des aspirantes d'autres livres que les lexiques autorisés.

Les compositions, corrigées chacune par un membre du jury, sont jugées par le jury tout entier, qui décide quelles sont les aspirantes admises à passer les épreuves orales.

La nullité d'une des trois épreuves ou deux notes *mal* entraînent l'exclusion.

L'*examen oral* porte sur l'ensemble des matières obligatoires et sur celles des matières facultatives désignées par l'aspirante (deux au moins).

La nullité absolue d'une épreuve orale sur les matières des cours obligatoires entraîne l'ajournement; il en est de même pour trois notes *mal* sur l'ensemble de l'examen oral.

L'ajournement ne peut être prononcé qu'en vertu d'une délibération du jury.

Art. 8. Les diverses épreuves écrites ou orales donnent lieu à des suffrages, qui sont exprimés de la manière suivante :

Nul.	0
Mal.	1
Passable.	2
Assez bien.	3
Bien	4
Très bien.	5

Art. 9. L'admission est prononcée à la majorité des voix. Le diplôme fait mention des matières facultatives sur lesquelles les aspirantes ont été interrogées. Lorsque l'ensemble de l'examen a donné pour résultat les notes *bien très bien*, mention en est également faite sur le diplôme.

1. Voir les programmes de ces cours, pages 36 et 47.

Art. 10. Le président du jury, s'il découvre quelque fraude, est tenu de porter immédiatement les faits à la connaissance du recteur dans un rapport spécial.

Art. 11. Les certificats d'aptitude, avec les pièces déposées par les aspirantes, sont transmis au recteur pour recevoir son visa.

Le président du jury lui adresse en même temps le procès-verbal de chaque séance, signé de tous les juges, et un rapport sur l'ensemble des examens et sur la force relative des épreuves. Il y joint les compositions faites par chaque aspirante, corrigées et annotées par les membres du jury.

Si le recteur estime qu'il y a défaut de forme dans la réception des aspirantes, il refuse son visa aux certificats d'aptitude et fait connaître au ministre les motifs de son refus, en lui transmettant les certificats délivrés par le jury.

Art. 12. Les diplômes sont conférés par le ministre dans la forme établie.

Art. 13. Nul diplôme n'est remis à l'impétrante qu'après que celle-ci a apposé sa signature tant sur l'acte même que sur le registre spécial qui sert à constater la remise du diplôme, ou sur un récépissé, qui doit être annexé à ce registre.

Tout diplôme qui ne porte pas la signature de l'impétrante et celle du fonctionnaire qui a fait remise de l'acte est considéré comme sans valeur.

IX. Décret portant règlement pour la collation des bourses de l'État, des départements et des communes dans les lycées et collèges de jeunes filles (28 juillet 1882).

Article 1er. Les bourses d'enseignement secondaire entretenues par l'État, les départements et les communes dans les lycées et collèges de jeunes filles sont partagées en trois catégories :

1° Bourses d'internat ;
2° Bourses de demi-pensionnat ;
3° Bourses d'externat.

Art. 2. Les bourses d'internes et de demi-pensionnaires pourront être fondées, soit dans les pensionnats annexés par les villes aux lycées ou aux collèges, soit, à défaut de ces internats municipaux, dans des institutions libres ou dans des familles agréées par le ministre.

Art. 3. Les bourses de l'État ne sont accordées qu'après enquête constatant l'insuffisance de fortune de la famille. Elles sont conférées aux enfants qui se sont fait remarquer par leurs aptitudes, et particulièrement à celles dont la famille a rendu des services au pays.

Les bourses des départements et des communes sont concédées dans les mêmes conditions.

Art. 4. Suivant les titres et la situation de fortune des postulants, les bourses de l'État, des départements et des communes sont ou entières, ou fractionnées de la manière suivante :

Les bourses d'internat et de demi-pensionnat, en demi-bourse ou en trois quarts de bourse ;

Les bourses d'externat, en demi-bourse.

Art. 5. Les aspirantes aux bourses d'enseignement secondaire doivent justifier, par un examen préalable, qu'elles sont en état de suivre la classe correspondant à leur âge[1].

Les départements et les communes peuvent ouvrir un concours pour les bourses entretenues à leurs frais, mais à la condition que les aspirantes aient préalablement subi l'examen réglementaire.

1. Voir, page XXXI, l'arrêté de même date, qui a fixé les conditions de cet examen préalable.

Art. 6. Un arrêté ministériel, rendu sur l'avis du Conseil supérieur, détermine les conditions, le programme et l'époque de l'examen[1].

Art. 7. L'examen est subi devant une commission spéciale de cinq membres, nommée par le recteur de l'académie et siégeant au chef-lieu du département. Deux dames au moins font partie de cette commission.

Art. 8. Les aspirantes aux bourses fondées par des particuliers doivent avoir subi l'examen réglementaire dans les formes déterminées par les articles 6 et 7, à moins que l'acte de fondation ne contienne une condition expressément contraire.

Art. 9. Les boursières de l'État sont nommées, sur la proposition du ministre de l'instruction publique, par le Président de la République.

Art. 10. Les boursières des départements sont nommées par les conseils généraux; les boursières des communes sont nommées par les conseils municipaux, avec approbation des préfets.

Le recteur de l'académie intervient comme délégué du ministre de l'instruction publique, afin de constater l'exécution des règlements scolaires.

Art. 11. Le ministre, pour les boursières de l'État; le préfet, pour les boursières départementales et les boursières communales, peuvent accorder des promotions de bourses aux élèves inscrites au tableau d'honneur spécial dressé à la fin de chaque année scolaire par les directrices des lycées et collèges, après avis des professeurs.

Art. 12. Les boursières de l'État, des départements et des communes restent en possession de leur bourse jusqu'à l'âge de dix-huit ans accomplis. Si elles atteignent cet âge avant l'expiration de l'année classique, leur bourse est prorogée de plein droit jusqu'à la fin de ladite année.

Une prolongation d'études peut être accordée aux boursières inscrites au tableau d'honneur. Une seconde prolongation peut être accordée à celles qui ont été déclarées admissibles à l'école normale secondaire de Sèvres.

Art. 13. Des bourses peuvent être concédées sans examen à des élèves ayant plus de 17 ans et moins de 20 ans, si elles sont pourvues du grade de bachelier ou du diplôme de fin d'études secondaires[2].

1. Arrêté du 28 juillet 1882, page XXXI.

2. Voir, page XXV, le décret du 28 juillet 1882, relatif à la délivrance de ce Diplôme.

Art. 14. En cas de faute grave, les directrices des lycées et collèges ont le droit de rendre provisoirement une boursière à sa famille, sauf à en référer immédiatement au recteur de l'académie.

En cas d'insubordination habituelle ou d'incapacité notoire, l'élève boursière peut, après deux avertissements notifiés à la famille, être privée de sa bourse.

La déchéance de la bourse, quelle qu'en soit l'origine, est prononcée par le ministre.

X. Arrêté fixant les conditions d'obtention des bourses de l'État, des départements et des communes dans les lycées et collèges de jeunes filles (28 juillet 1882).

Article 1er. Les commissions, chargées d'examiner les aspirantes aux bourses nationales, départementales et communales pour l'enseignement secondaire des jeunes filles, sont composées d'un inspecteur d'académie, président, et de quatre membres choisis par le recteur parmi les professeurs ou anciens professeurs des facultés, des lycées et des collèges de garçons ou de filles. Un professeur de langues vivantes est adjoint au jury pour les catégories où les langues vivantes sont exigées. Dans les départements où il n'existe pas de lycée ou de collège de jeunes filles, les deux dames qui doivent faire partie de la commission peuvent être choisies en dehors de l'enseignement secondaire.

Art. 2. Les examens ont lieu chaque année, du 1er au 15 avril et du 1er au 15 juillet, au chef-lieu de chaque département.

Les aspirantes doivent être inscrites du 15 au 30 mars, ou du 15 au 30 juin, au secrétariat de la préfecture de leur résidence ou de la résidence de leur famille.

La demande d'inscription est accompagnée : 1° de l'acte de naissance de l'enfant ; 2° s'il y a lieu, d'un certificat de bonne conduite délivré par la directrice de l'établissement où elle a déjà fait des études primaires ou secondaires.

Art. 3. Les aspirantes sont distribuées en autant de séries qu'il y a d'années de cours dans l'enseignement secondaire. Le résultat de l'examen est valable aussi longtemps que l'aspirante appartient, par son âge, à la série dans laquelle elle a été examinée.

Art. 4. Les aspirantes doivent avoir pour entrer :

Dans la première année de cours, moins de 13 ans accomplis au 1er octobre de l'année où l'examen est subi ;

Dans la deuxième année de cours, moins de 14 ans accomplis au 1er octobre de l'année où l'examen est subi ;

Dans la troisième année de cours, moins de 15 ans accomplis au 1er octobre de l'année où l'examen est subi ;

Dans la quatrième année de cours, moins de 16 ans accomplis au 1er octobre de l'année où l'examen est subi ;

Dans la cinquième année de cours, moins de 17 ans accomplis au 1er octobre de l'année où l'examen est subi.

Art. 5. Les aspirantes sont interrogées, savoir :

Pour la classe de première année, sur les matières du cours moyen de l'enseignement primaire obligatoire[1];

Pour la classe de deuxième année, sur les matières du programme de la classe de première année[2], et ainsi de suite jusqu'à la classe de cinquième année.

Art. 6. L'examen comprend deux épreuves : une épreuve écrite, une épreuve orale.

L'épreuve écrite est éliminatoire ; elle comprend :

Pour la première série, une dictée française et une composition sur une des matières du cours moyen de l'enseignement primaire obligatoire ;

Pour la deuxième et la troisième séries, deux compositions, l'une littéraire, l'autre scientifique, sur les matières des cours de première et de deuxième année ;

Pour la quatrième et la cinquième séries, deux compositions, l'une littéraire ou historique, l'autre scientifique, sur les matières des cours de troisième et de quatrième année, et une version de langue vivante.

Art. 7. Le nombre maximum de points à compter pour chaque épreuve écrite est de 20. Pour être admise à l'épreuve orale, l'aspirante doit obtenir au moins la moyenne des points dans l'ensemble des épreuves écrites.

Art. 8. Les épreuves orales portent sur les matières suivantes, savoir :

Première série : grammaire, calcul, histoire, géographie ;

Deuxième et troisième séries : langue française, histoire et géographie, mathématiques, histoire naturelle ;

Quatrième série : littérature, histoire et géographie, sciences, langues vivantes ;

Cinquième série : morale et littérature, histoire, sciences, langues vivantes ; les élèves de cette cinquième série peuvent demander à être interrogées, en outre, sur les matières facultatives du cours de quatrième année.

Une note de 0 à 10 est attribuée à chacune des quatre épreuves orales de chaque série. Nulle ne peut être définitivement admise qu'avec la moyenne des points.

Art. 9. Le nombre des points obtenus dans chacune des épreuves sera consigné au procès-verbal et inscrit sur le certificat d'aptitude.

1. Voir ces matières, pages 21 à 25, dans l'*Organisation pédagogique des Écoles primaires publiques*.

2. Voir les programmes de la première année, page 3 ; — de la deuxième année, page 15 ; — de la troisième année, page 23 ; — de la quatrième année, page 36.

PLAN D'ÉTUDES

ET

PROGRAMMES

DE

L'ENSEIGNEMENT SECONDAIRE DES JEUNES FILLES

Prescrits par Arrêté du 28 juillet 1882.

L'enseignement secondaire des jeunes filles embrasse *cinq années* d'études; il commence à *douze ans* et se prolonge jusqu'à *dix-sept ans*.

Il est divisé en *deux périodes* :

Dans la *première période*, qui comprend *trois années* (de 12 à 15 ans), sont donnés les enseignements strictement obligatoires, afin que les jeunes filles, que leurs familles reprendraient vers l'âge de quinze ans, ne quittent pas le lycée ou le collège sans avoir reçu le bénéfice réel de l'instruction. Un *certificat d'études* est délivré à la fin de ces trois années.

Dans la *deuxième période*, où les jeunes filles reçoivent une culture plus élevée et qui ne comprend que *deux années* (de 16 à 17 ans), tous les cours principaux, tant scientifiques que littéraires, demeurent obligatoires; d'autres sont rendus facultatifs et divisés en deux séries, l'une plutôt littéraire, l'autre plutôt scientifique; bien que ceux-ci soient disposés de telle sorte qu'une jeune fille puisse à la rigueur les suivre tous, chaque élève peut choisir, selon ses aptitudes et ses besoins, soit la série littéraire, soit la série scientifique. A la fin de la cinquième année, un *diplôme* est délivré à la suite d'un examen portant sur les matières obligatoires, avec interrogations sur les matières des cours facultatifs suivis par l'élève.

Une *sixième année* peut être ajoutée au cours normal d'études, pour préparer les jeunes filles à des écoles ou à des carrières spéciales.

COURS PRIMAIRES

ANNEXÉS

AUX LYCÉES ET COLLÈGES DE JEUNES FILLES.

Aux termes de l'article 14 du décret du 28 juillet 1881[1], des classes primaires, destinées à préparer des élèves pour les cours secondaires, peuvent être annexées aux lycées et collèges de jeunes filles.

Les programmes des Cours primaires, annexés, dans ces conditions et dans ce but, aux lycées et collèges de jeunes filles[2], sont préparés par la Directrice et les professeurs de l'établissement et approuvés par le recteur de l'Académie[3].

L'*examen de passage*[4] de ces Cours primaires à la Première année de l'enseignement secondaire porte sur *les matières du programme du cours moyen de l'enseignement primaire obligatoire*[5]. Le certificat d'aptitude aux bourses dispense de cet examen[6].

1. Voir cet article, page x.
2. Voir, page XIII, le passage du Rapport de M. Marion, relatif à ces cours.
3. Voir, page XXIII, l'article 1er de l'arrêté du 28 juillet 1882.
4. Les examens de passage sont subis devant une commission composée de la directrice et de deux professeurs de l'établissement; ils sont oraux. Voir l'arrêté du 28 juillet 1882, page XXIII.
5. Voir ce programme, pages 21 à 25, dans l'*Organisation pédagogique des écoles primaires publiques*, publiée par la librairie Delalain.
6. Voir, page XXIII, l'article 4 du décret du 28 juillet 1882, relatif aux examens d'admission, et page XXXII, l'article 5 de l'arrêté de même date, relatif à l'obtention des bourses d'enseignement secondaire dans les lycées et collèges de jeunes filles.

ENSEIGNEMENT SECONDAIRE

DES JEUNES FILLES

PREMIÈRE PÉRIODE.

(Trois Années, de 12 à 15 ans.)

PREMIÈRE ANNÉE.

(12-13 ANS, AGE MINIMUM.)

L'examen d'admission à la Première Année des Cours de l'Enseignement secondaire des jeunes filles porte sur les matières comprises dans le Cours moyen de l'Enseignement primaire obligatoire[1].

Répartition de l'Enseignement de la Première Année [2].

	Par semaine.	Programmes
Langue et Littérature françaises. .	5 heures.	Pages 4 et 5
Langues vivantes.	3 —	 6
Histoire et Géographie.	4 —	. . . . 7 et 9
Mathématiques	2 —	 10
Histoire naturelle	1 —	 10
	15 heures d'enseignement proprement dit.	
Dessin et Ecriture [3]	3 —	 12
Musique vocale.	2 —	. . . . »
Total.	20 heures.	
Trois fois par semaine après la classe du matin :		
Travaux à l'aiguille	3 — (1 heure chaque fois)	»
Gymnastique	1 — 1/2 (1/2 heure chaque fois).	13
En tout.	24 heures 1/2.	

1. Voir ces matières, pages 21 à 25, dans l'*Organisation pédagogique des écoles primaires publiques*.
2. Voir, page XIV et XV, le passage du Rapport de M. Marion, relatif à l'emploi du temps dans les lycées et collèges des jeunes filles.
3. Dans les deux premières années, l'enseignement de l'écriture est adjoint à l'enseignement du dessin.

PROGRAMMES.

LANGUE ET LITTÉRATURE FRANÇAISES [1].

(Cinq heures par semaine.)

Lectures à haute voix expliquées et commentées en classe (vers et prose).

Récitation d'auteurs français.

Grammaire française ; les sons, les mots, les parties du discours.

Exercices oraux et écrits de langue et d'orthographe françaises. — Analyses grammaticales. — Dictées sur des sujets variés et instructifs.

Exercices élémentaires sur le vocabulaire et sur la formation des mots. Substantifs tirés d'adjectifs, de verbes ; adjectifs tirés de substantifs, de verbes, etc. ; verbes tirés de substantifs et d'adjectifs, etc. — Étude de quelques préfixes et de quelques suffixes. — Trouver les dérivés et les composés d'un verbe, d'un nom simple, et les encadrer dans de petites phrases, etc. ; exemples de familles de mots, etc.

Compositions d'après un récit fait en classe et reproduit d'abord oralement par les élèves.

Auteurs.

La Fontaine, *Fables,* les six premiers livres.

Fénelon, *Télémaque, Dialogues des morts.*

Buffon, *Morceaux choisis.*

Racine, *Esther.*

Morceaux choisis de prosateurs et de poètes français du XVIIe au XIXe siècle. Notions d'histoire littéraire à propos des auteurs étudiés.

1. La lecture à haute voix fait partie du Cours de langue et littérature françaises. Voir, page 5, l'*Instruction pour la lecture à haute voix.*

Instruction pour la lecture à haute voix.

L'étude de la lecture à haute voix n'a toute son utilité que si elle se mêle à toutes les autres études.

Tout ce que dit, tout ce que lit, tout ce que récite, tout ce que raconte l'élève, doit être prononcé conformément aux règles de l'art de la diction.

L'étude de la lecture doit donc commencer dès la première année : d'abord, parce qu'on ne saurait s'y prendre trop tôt pour empêcher les enfants de contracter de mauvaises habitudes de diction, et pour les accoutumer à en contracter de bonnes; en second lieu, parce que plus les enfants sont jeunes, plus l'organe de la voix a de souplesse et par conséquent se plie de lui-même à toutes les délicatesses, à toute la justesse des intonations. La voix de l'enfant est l'instrument qui s'accorde et se désaccorde le plus facilement.

L'étude de la lecture à haute voix doit avoir sa place dans les cinq années du cours; elle s'élève en même temps que tous les autres objets d'enseignement et peut venir en aide au développement de toutes les facultés : la mémoire, l'intelligence et l'imagination.

Apprendre à bien lire, c'est apprendre à apprendre et à retenir.

Apprendre à bien lire, c'est avant tout apprendre à comprendre.

Le cours de *première année* devra être presque entièrement technique. L'explication et l'application des règles de *la prononciation*, de *l'articulation*, de *la respiration*, le rempliront utilement.

L'étude des règles pratiques donnera lieu à des exercices intéressants pour les enfants : exercices pour développer la voix; exemples pour amener à distinguer les différences d'intensité, de hauteur, de timbre, dont un son est susceptible; différence d'accentuation, de mouvement d'un même mot, suivant le milieu où il se trouve et la pensée qu'il exprime, etc.

Les élèves devront être exercées à fournir elles-mêmes les exemples, à trouver suivant les cas, l'intonation juste.

Dans cette même année se place naturellement la correction de tous les vices et de toutes les défectuosités de prononciation : *accent*, *bégayement*, *blaisement*, *grasseyement*, que l'enfant tient ou de son pays, ou de sa famille, ou de sa conformation.

Les premiers exercices de lecture portant naturellement sur des phrases ou sur des passages choisis, ces phrases ou passages devront être très simples, courts, et plutôt en prose qu'en vers.

Les professeurs de tous les cours devront exiger de leurs élèves l'observance des règles fondamentales de la diction; l'étude de la lecture n'est bonne à rien, si elle ne fait pas partie de tout.

LANGUES VIVANTES[1].

(Trois heures par semaine.)

PROGRAMME POUR L'ANGLAIS ET L'ALLEMAND[2].

Exercices oraux et écrits.
Insister sur l'accent tonique.

Lecture à haute voix.
Conversations au moyen des tableaux habituellemen employés pour les leçons de choses.

Petits exercices de calcul.
Poésies apprises par cœur.
Exercices accompagnés de gestes pour faire connaître les mots indiquant les directions.

Eléments de grammaire : les premiers paradigmes.

1. « Chaque élève pourra apprendre deux ou plusieurs langues, mais successivement plutôt qu'à la fois. Une part sera faite à l'enseignement de l'*italien* et de l'*espagnol;* mais nous vous invitons à exiger d'abord l'*anglais* ou l'*allemand*, vu la supériorité incontestée de ces deux langues au point de vue, principal ici, de la gymnastique intellectuelle. » *Rapport de M. Marion*; voir pages xv et xvi.

2. Pour l'enseignement de l'espagnol et de l'italien, les professeurs s'inspireront de ce programme.

Auteurs anglais [1].

L. M. Alcott, *Petites femmes*, *Petits hommes*, *Une demoiselle à la vieille mode*.
Miss Yonge, *La colombe dans le nid de l'aigle*, *Le chapelet de perles*.
East, *Poésies amusantes*.
Miss Edgeworth, *Contes choisis*.
Aikin et Barbauld, *Soirées à la maison*.
Morceaux choisis (vers et prose).
Miss Corner, *Wittington et son chat*.
Charles Dickens, *Petite histoire d'Angleterre* (les premiers chapitres).

Auteurs allemands [1].

Schmid, *Contes*.
Krummacher, *Paraboles*.
Niebühr, *Temps héroïques de la Grèce*.
Morceaux choisis (vers et prose).

HISTOIRE ET GÉOGRAPHIE.

(Quatre heures par semaine.)

1° Histoire.

Histoire nationale et Notions sommaires d'Histoire générale.

Les anciens Gaulois, leurs établissements au dehors.
Conquête de la Gaule par les Romains.
La Gaule romaine. Grandes villes, monuments, écoles.
Le christianisme en Gaule.
Les Barbares. Mœurs. Géographie de l'empire romain et du monde barbare.
Les invasions. Principaux États fondés par les Barbares. Chute de l'empire romain d'Occident.
Les Francs en Gaule. Clovis. La Neustrie et l'Austrasie. Dagobert.

1. Il n'est pas interdit de prendre, en dehors de cette liste, des ouvrages du même genre.

L'empire d'Orient sous Justinien.

Les Arabes. Mahomet. Les Arabes en Espagne.

Les maires du palais. La famille d'Héristal. Les moines en Germanie.

Charlemagne et son temps.

Démembrement de l'empire de Charlemagne. Traité de Verdun.

Invasions des Normands.

Avènement de la famille Capétienne. Hugues Capet et ses premiers successeurs. Puissance et activité des grands vassaux.

Le régime féodal ; l'Église.

La papauté et l'empire. Grégoire VII.

La civilisation orientale. Éclat de l'islamisme. — Sciences, arts. Les grands monuments de l'Espagne.

La civilisation occidentale. Trouvères et troubadours ; la langue française. L'art roman.

Conquête de l'Angleterre par les Normands.

Première croisade. Le royaume de Jérusalem.

Premiers progrès de la royauté. Louis VI, Louis VII et Suger. Les populations des villes et des campagnes. Les communes.

L'Allemagne et l'Italie. Frédéric Barberousse.

Les Plantagenets en Angleterre. — Philippe Auguste, Richard Cœur de Lion et Jean sans Terre. La grande charte.

Innocent III. Quatrième croisade. L'empire latin de Constantinople. Guerre des Albigeois.

Saint Louis et son temps. Les dernières croisades. Résultats généraux des croisades.

Grandeur du XIIIe siècle. Mœurs. — L'Université de Paris. L'art gothique. Le commerce et l'industrie.

Lutte de la papauté contre Frédéric II. Conquête du royaume de Naples par Charles d'Anjou.

Philippe le Bel. Les légistes, les premiers États généraux. Boniface VIII. Les Templiers.

Avènement des Valois. Première partie de la guerre de Cent ans. Les récits de Froissart. Les États généraux et Étienne Marcel.

Charles V et Du Guesclin. Paris au XIVe siècle.

État de l'Europe à la fin du XIVe siècle. Le grand schisme d'Occident. Wiclef et Jean Huss.

Commencement de la Renaissance en Italie. Activité des villes de la Péninsule. — Dante; Giotto; Pétrarque.

La poudre à canon, la boussole, le papier, l'imprimerie.

Charles VI. Reprise de la guerre de Cent ans. La maison de Bourgogne.

Charles VII et Jeanne d'Arc. Jacques Cœur. Institutions de Charles VII. Reconstitution de l'unité territoriale de la France.

Les Turcs à Constantinople.

Résumé rapide des principales phases de notre histoire depuis les origines jusqu'au milieu du XVe siècle.

2° Géographie.

Notions élémentaires de Géographie générale.

Globes et planisphère. Cartes de géographie. L'atmosphère. Vents alizés et vents variables, moussons, cyclones. — Climats.

La mer, marées, courants. Le fond des mers. Régions polaires.

Les continents.

Comparaison des principaux traits de la géographie physique dans les cinq parties du monde. Montagnes, plateaux et plaines; fleuves, lacs.

Les races humaines.

Les cinq parties du monde. Configuration et limites. Mers. Golfes. Détroits. Caps. Iles. Presqu'îles.

Relief du sol. Grandes chaînes de montagnes. Fleuves et lacs. Animaux et plantes remarquables.

Principaux États. Capitales et villes principales. Grands ports de commerce. Colonies européennes. Les grandes lignes de navigation.

Histoire sommaire des découvertes géographiques.

MATHÉMATIQUES.

(Deux heures par semaine.)

Calcul.

Numération des nombres entiers.

Addition. — Soustraction. — Multiplication.

Division. (Pour la division, on se bornera à la pratique de l'opération.)

Fractions ordinaires. — Simplifications les plus faciles.

Opérations.

Nombres décimaux rattachés aux fractions.

Système métrique. — Quelques mesures anciennes et étrangères.

Géométrie.

Emploi de la règle et du compas.

Mesure des angles.

Diverses espèces de triangles et de quadrilatères.

Montrer des modèles de parallélépipède, de cube, de prisme, de cylindre, de pyramide, de cône, de sphère.

SCIENCES NATURELLES.

(Une heure par semaine.)

Zoologie et Botanique.

L'étude des sciences naturelles commence, en première année, par des notions élémentaires sur les animaux et les plantes. Ces notions seront données à l'aide d'objets mis entre les mains des élèves, et avec des dessins exécutés sous leurs yeux. Elles seront très utilement accompagnées d'excursions. On exercera les élèves à l'usage du microscope. — Le premier semestre est consacré à l'étude des animaux et le second est réservé à la botanique, afin qu'on puisse examiner des plantes vivantes dans l'ordre de leur floraison.

I. Zoologie.

(Une heure par semaine pendant le premier semestre.)

Différences des êtres vivants et des corps inanimés. — Les animaux et les végétaux.

Animaux. — Animaux ayant des os. — Animaux dépourvus d'os et formés d'anneaux. — Animaux à peau molle avec ou sans coquille. — Animaux ayant l'apparence de plantes.

Les grandes divisions du règne animal.

Vertébrés. — Mammifères, oiseaux, reptiles, batraciens, poissons. — Conformation générale du corps adaptée au mode d'existence aérienne ou aquatique.

Invertébrés. — Annelés, mollusques, rayonnés, protozoaires.

Insister plus particulièrement sur les insectes vulgaires.

Leurs métamorphoses. — Histoire des abeilles, des fourmis, du ver à soie, des papillons.

II. Botanique.

(Une heure par semaine pendant le second semestre.)

[*On devra étudier la botanique avec des plantes vivantes.*]

Notions sur les parties essentielles de la plante. — Examen d'une plante fleurissant au printemps (telle que la Giroflée). — Ses principaux organes : racine, tige, feuille, fleur.

Germination d'une graine (telle que la graine du Pois, du Haricot ou du Blé). Premier développement des organes de la plante : racine, tige, feuilles, feuilles nourricières (cotylédons).

Racine, tige, feuille. — Comparer entre elles quelques plantes prises pour exemple (telles que : Giroflée, Pois, Primevère, Jacinthe) et y faire reconnaître les organes analogues.

Fleur. — Comparer entre elles quelques plantes (telles que : Giroflée, Primevère, Fraisier) ; y faire reconnaître les parties analogues de la fleur : calice, corolle, étamines, pistil, ovules.

FRUIT. — Indiquer la forme du fruit et la disposition des graines (Pois, fruit du Colza, Prune, Pomme).

DÉVELOPPEMENT DE LA PLANTE. — Formation dans la plante de provisions de nourriture : dans la racine (Betterave, Carotte, etc.); dans la tige (Pomme de terre); dans les feuilles (Oignons, etc.). — Herbes, arbres. — Plantes annuelles, bisannuelles, vivaces.

LES DIVERSES PLANTES. — Comparer une plante à fleurs et une plante sans fleurs. — Examiner successivement un certain nombre de plantes vivantes dans l'ordre de leur floraison et indiquer, à propos de chacune d'elles, quelles sont les plantes voisines les plus connues et quelles en sont les applications.

On pourrait adopter, par exemple, l'ordre suivant :

Pomme de terre. — Primevère. — Lamier blanc. — Muflier. — Bluet. — Salsifis. — Marguerite. — Giroflée. — Coquelicot. — Vigne. — Fraisier. — Pois. — Chêne. — Pin. — Sapin.

Lis. — Iris. — Orchis. — Blé. — Seigle. — Orge. — Avoine. — Maïs.

Fougère. — Prêle. — Mousses. — Champignon. — Varechs. — Lichens.

Détermination des plantes dans les excursions botaniques.

Notions sommaires sur les principaux groupes végétaux : Dycotylédones, Monocotylédones, Cryptogames.

DESSIN.

(Deux heures par semaine [1].)

La leçon doit être orale : le professeur au tableau, les enfants sur des bancs devant le tableau. Les élèves se serviront de l'ardoise ou, ce qui est mieux pour les jeunes filles, qu'il convient de faire tenir peu penchées, se serviront du carton à la ficelle, qui a l'avantage de présenter un plan presque parallèle à celui du tableau où opère le professeur.

Du point. — De la ligne droite, de ses divisions appréciées à l'œil. — Des angles, des surfaces inscrites dans des droites. Des courbes.

1. Une heure est, en outre, consacrée à l'écriture.

Le professeur trace les figures au tableau et donne l'explication. Les élèves reproduisent la figure. — Le professeur passe dans les rangs et corrige; puis il appelle les élèves au tableau après avoir effacé la figure modèle, et exige le tracé de mémoire. Il fait rectifier au besoin par une autre élève.

La seconde partie de la leçon est employée par les élèves à reproduire sur un cahier les tracés qu'elles ont faits sous la direction du professeur, de telle sorte qu'il y ait toujours : 1° explication; 2° copie : 3° reproduction de mémoire au tableau ; 4° rendu définitif.

On continue ainsi pour les solides en ayant soin de montrer le modèle en même temps que le tracé au tableau, de manière à faire comprendre aux élèves les déformations apparentes ; leçon sur la ligne d'horizon, le point de vue, etc., etc.

Même méthode pour une série simple d'ornements faciles, dont on explique l'origine, l'usage et le caractère, pour des feuilles naturelles dont on expose avec soin et très sommairement l'anatomie.

GYMNASTIQUE [1].

[Programme commun à la première et à la deuxième année.]
(Une heure et demie par semaine, chaque année.)

Gymnastique sans appareils.

Attitudes scolaires.
Formation de la section de marche.
Station régulière du corps.
Mouvements de la tête, du tronc, des bras, des jambes.
Mouvements combinés.
Marches rythmées, évolutions.
Courses au pas gymnastique.
Équilibres.
Mouvements de natation.

1. Les exercices auront lieu conformément au Manuel de gymnastique approuvé pour les écoles normales d'institutrices et les écoles de jeunes filles.

EXAMEN DE PASSAGE[1].

L'examen de passage de la *Première* à la *Deuxième* année des cours de l'Enseignement secondaire des jeunes filles est un examen oral; il porte sur les matières comprises dans le programme de la *Première année*.

Le certificat d'aptitude aux bourses dispense de cet examen.

1. Les examens d'admission aux cours secondaires dans les lycées et collèges de jeunes filles sont subis devant une commission composée de la Directrice et de deux professeurs de l'établissement. » *Arrêté du 28 juillet* 1882, *art.* 2, page XXIII.

DEUXIÈME ANNÉE.

(13-14 ANS, AGE MINIMUM.)

Répartition de l'Enseignement de la Deuxième année [1].

	Par semaine.	Programmes.
Langue et Littérature françaises.	5 heures.	Pages 15 et 16
Langues vivantes.	3 —	17
Histoire et Géographie.	4 —	18 et 19
Mathématiques.	2 —	20
Histoire naturelle.	1 —	20
	15 heures d'enseignement proprement dit.	
Dessin et Écriture [2].	3 —	22
Musique vocale.	2 —	"
Total.	20 heures.	
Trois fois par semaine après la classe du matin:		
Travaux à l'aiguille.	3 — (1 heure chaque fois).	"
Gymnastique.	1 — 1/2 (1/2 heure chaque fois).	22
En tout.	24 heures 1/2.	

PROGRAMMES.

LANGUE ET LITTÉRATURE FRANÇAISES [3].

(Cinq heures par semaine.)

Lectures à haute voix expliquées et commentées en classe (vers et prose).

Récitation d'auteurs français.

Revision de la première partie de la grammaire. — Syntaxe.

Continuation des exercices oraux et écrits de langue et d'orthographe, mais croissant en importance et en

1. Voir, pages XIV et XV, le passage du Rapport de M. Marion, relatif à l'emploi du temps dans les lycées et collèges de jeunes filles.
2. Dans les deux premières années, l'enseignement de l'écriture est adjoint à l'enseignement du dessin. (*Rapport de M. Marion*, page XVII.)
3. La lecture à haute voix fait partie du Cours de langue et littérature françaises.

difficulté. Dictées d'orthographe. Études des mots difficiles et des exceptions. — Exercices sur la syntaxe; propositions affirmatives, interrogatives, conditionnelles. — Exercices sur les synonymes; encadrer les synonymes dans de petites propositions qui en fassent ressortir la signification. — Continuation des exercices sur le vocabulaire; notions très sommaires d'étymologie française, mots d'origine savante, d'origine populaire; doublets.

Compositions françaises (reproduction ou imitation libre d'un morceau lu, d'un sujet expliqué, développé en classe, des remarques, jugements émis par le professeur, etc.)

Auteurs.

La Fontaine, *Fables*, les six derniers livres.
Racine, *Iphigénie*, *les Plaideurs*.
Boileau, *le Lutrin*, *les Satires*.
Sévigné, *Lettres choisies*.
Bossuet, *Histoire universelle*, 3e partie.
Morceaux choisis de prosateurs et de poètes français du XVIe au XIXe siècle.
Notions d'histoire littéraire à propos des auteurs lus et étudiés.

Lecture à haute voix[1].

Dans *la deuxième et la troisième année*, sans abandonner complètement le travail technique de la lecture, et en ayant soin de le rappeler sans cesse à l'élève, on abordera ce qu'on peut appeler l'art de la diction.

Le choix des morceaux est ici très important. Les qualités qu'on veut développer chez les élèves sont des qualités de justesse, de clarté, de vérité : on doit avoir en vue de faire des *lecteurs* et des *diseurs*, non des *déclamateurs* et des *comédiens*. On devra prendre pour sujets d'exercice des passages écrits avec simplicité et naturel, des récits de faits réels, des fragments d'histoire ou d'histoire naturelle. Le ton de la narration est un ton

1. Les professeurs de tous les cours doivent exiger de leurs élèves l'observance des règles fondamentales de la diction; l'étude de la lecture n'est bonne à rien, si elle ne fait pas partie de tout. — Voir, page 5, l'instruction générale pour la lecture à haute voix.

particulier dans l'art de la lecture, et il n'en est pas qui soit une meilleure gymnastique pour l'enfant, parce que la réalité du fait amène forcément l'élève à la vérité du débit. La poésie ne sera pas exclue de cette seconde et de cette troisième année; elle aura sa place, mais au second rang. La lecture de la poésie est un art dans un art; il ne faut y arriver qu'en dernier lieu.

Bannissez absolument les gestes, les effets de regard, tout l'attirail mimique.

Le lecteur ne doit se servir que d'un seul moyen d'expression, la voix.

Ne choisissez jamais de pièces de vers qui dépassent l'intelligence ou la mesure des sentiments de l'enfant. On ne lit bien, et on ne doit lire que ce qu'on sait, ce qu'on comprend, ou ce qu'on sent.

LANGUES VIVANTES[1].

(Trois heures par semaine.)

PROGRAMME POUR L'ANGLAIS ET L'ALLEMAND[2].

Continuation des exercices de l'année précédente.

Conversations à propos d'histoire naturelle, de cartes géographiques, d'objets usuels, etc.

Étude méthodique des formes grammaticales.

Exercices sur les constructions négatives et interrogatives.

Traduction des verbes : falloir, devoir, pouvoir, vouloir.

Versions orales et écrites.

Dictées.

Thèmes oraux et écrits.

Auteurs anglais[3].

Choix de fables simples de Gay, Pope, Cowper, etc.
Miss Planché, *Histoire d'un rayon de soleil.*
Walter Scott, *Récits d'un grand-père.*
De Foë, *Robinson Crusoë.*
Charles Kingsley, *Héros grecs.*
Morceaux choisis (vers et prose).

1. Voir la note 1, page 6.
2. Voir la note 2, page 6.
3. Il n'est pas interdit de prendre, en dehors de cette liste, des ouvrages du même genre.

Auteurs allemands[1].

Herder et Liebeskind, *Feuilles de palmier.*
Campe, *Le jeune Robinson.*
Lessing, *Fables.*
Benedix, Comédies choisies dans le *Théâtre de famille.*
Morceaux choisis (vers et prose).

HISTOIRE ET GÉOGRAPHIE.

(Quatre heures par semaine.)

1° Histoire.

Depuis le milieu du XVe siècle jusqu'à la mort de Louis XIV.

État de l'Europe vers le milieu du xve siècle. Ferdinand le Catholique et Isabelle; Henri VII; Maximilien.

Louis XI et Charles le Téméraire.

Les grandes découvertes géographiques du xve et du xvie siècle. Les Espagnols en Amérique. Les Portugais en Afrique et aux Indes.

Charles VIII. Louis XII. Guerres d'Italie. Les papes Jules II et Léon X.

Rivalité de la France et de la maison d'Autriche. Charles-Quint, François Ier, Henri II.

Accroissements du pouvoir royal sous François Ier et Henri II. Institutions.

La Renaissance en Italie depuis le commencement du xve siècle jusqu'à la fin du xvie. Lettres, arts. L'église Saint-Pierre et le Vatican. Rôle des Médicis et des papes.

La Renaissance en France.

La Réforme en Allemagne, en Suisse, en Angleterre.

Le concile de Trente, la Société de Jésus.

Luttes religieuses en Europe. Philippe II, Élisabeth, Marie Stuart.

La république des Provinces-Unies.

Les guerres de religion en France. Le chancelier de l'Hospital. Les Guises. Henri III, la Ligue.

1. Voir la note 3 de la page 17.

Henri IV et Sully. Pacification et restauration de la France.

Industrie, commerce, agriculture.

Louis XIII ; Richelieu. Accroissement de l'autorité monarchique.

La guerre de Trente ans. Traité de Westphalie.

L'Angleterre sous les Stuarts. Révolution de 1648. Cromwell.

Minorité de Louis XIV. La Fronde. Mazarin.

Gouvernement personnel de Louis XIV.

Colbert, Louvois, Vauban. Industrie, commerce et colonies.

Guerres et traités jusqu'à la paix de Nimègue.

Les chambres de réunion. Les affaires religieuses.

Deuxième révolution d'Angleterre. Guillaume III. Déclaration des droits. Guerre de la ligue d'Augsbourg.

Guerre de la succession d'Espagne. Traité d'Utrecht. État de la France à la mort de Louis XIV.

Le siècle de Louis XIV. Influence de Richelieu et de Louis XIV. Les mœurs et les idées. La société du XVIIe siècle. L'Académie française. Les autres Académies. Lettres, sciences et arts en France et en Europe. Le palais de Versailles.

Lutte de Charles XII et de Pierre le Grand. État de l'Europe vers 1715.

2° Géographie.

Géographie de l'Europe.

1° *Géographie générale de l'Europe.* — Configuration. Limites. Dimensions.

Les mers. Description des côtes.

Relief du sol. Variétés des formes. Système orographique. Des principales chaînes. Plateaux et plaines.

Fleuves et rivières. Lacs.

Climats maritimes et continentaux.

2° *Description particulière des États de l'Europe.* — Géographie physique et politique. Notions de géographie économique (agriculture, mines, industrie, voies de communication, commerce).

Races, langues, religions, forces militaires.

MATHÉMATIQUES.

(Deux heures par semaine.)

Arithmétique.

Revision des notions de calcul données dans l'année précédente (page 10) ; on y ajoutera l'étude des questions suivantes :

Divisibilité par 2, 5, 4, 9, 3.

Nombres premiers ; décomposition d'un nombre en ses facteurs premiers.

Réduction de plusieurs fractions au plus petit dénominateur commun,

Racine carrée des nombres entiers. (Règles pratiques.)

Rapports et proportions.

Règles de trois, de société, d'alliage, d'intérêt, etc.

SCIENCES NATURELLES.

(Une heure par semaine.)

I. Géologie.

(Une heure par semaine pendant le premier semestre.)

Principaux matériaux qui constituent le sol. — *Calcaires.* — Pierre à bâtir, marbre, craie. — Applications.

Pierre à plâtre. — Fabrication du plâtre.

Argile. — Terre à brique, à poterie, à porcelaine. — Marnes ; leur application à l'agriculture.

Cristal de roche. — Agate, silex.

Sables. — Fabrication du verre.

Granit (mica, feldspath, quartz) ; porphyre, diamant et pierres précieuses.

Houille, lignite, tourbe ; leur emploi.

Sel gemme.

Carrières, minerais et mines.

Terre végétale. — Sa composition, sa formation.

PHÉNOMÈNES ACTUELS. — Action destructive de l'eau : ravinement par les torrents, creusement des vallées ; action de la mer sur les falaises. — Eau d'infiltration, sources, puits, puits artésiens. — Pluies, torrents, rivières, fleuves, lacs, mers.

Terrains formés par les eaux ; alluvions : cailloux roulés, limon, sable. — Deltas.

Glaciers : formation et mouvement.

Fossiles : animaux et végétaux enfouis dans le sol, parties conservées.

Formation de la tourbe et de la houille.

Volcans et éruptions, etc.

Sources thermales.

Mouvements lents du sol, mouvements brusques ; tremblements de terre.

PHÉNOMÈNES ANCIENS. — Les phénomènes anciens rapprochés des phénomènes actuels.

PÉRIODES GÉOLOGIQUES. — Caractères tirés de la disposition relative des couches ; fossiles qu'elles renferment.

Revue rapide des terrains primaires, secondaires, tertiaires, quaternaires.

II. Zoologie et Botanique.

(Une heure par semaine pendant le second semestre.)

LES ANIMAUX UTILES. — Animaux domestiques auxiliaires. — Animaux alimentaires. — Animaux à fourrures. — Animaux à laine. — Animaux utiles à l'agriculture.

Pêche de la baleine, des huîtres perlières, du corail, des éponges.

LES ANIMAUX NUISIBLES. — Animaux parasites. — Animaux nuisibles à l'agriculture et aux produits industriels.

LES PLANTES UTILES. — Plantes alimentaires. — Plantes industrielles. — Plantes fourragères. — Arbres forestiers. — Quelques plantes médicinales.

Les plantes nuisibles. — Plantes vénéneuses. — Plantes nuisibles à l'agriculture.

Distribution des animaux et des plantes. — Régions polaires, tempérées, tropicales. — Variations avec l'altitude et la latitude.

DESSIN [1].

(Trois heures par semaine.)

Dessin d'ornement d'après la bosse.

Les rectangles. — La série des ornements grecs et romains les plus simples. Étude de la plante sur des feuillages naturels.

Copie de bonnes estampes pour l'étude de la tête. (Ne pas employer encore la bosse de tête.)

Continuation de la perspective pratique.

GYMNASTIQUE.

Voir, page 13, le programme commun à la *Première année* et à la *Deuxième année*.

EXAMEN DE PASSAGE [2].

L'examen de passage de la *Deuxième* à la *Troisième année* des Cours de l'Enseignement secondaire des jeunes filles est un examen oral ; il porte sur les matières comprises dans le programme de la *Deuxième année*.

Le certificat d'aptitude aux bourses dispense de cet examen.

1. Dans la Deuxième année, l'écriture est encore adjointe au dessin.

2. Voir la note 1, page 14.

TROISIÈME ANNÉE.

(14-15 ANS, AGE MINIMUM.)

Répartition de l'Enseignement de la Troisième année [1].

	Par semaine.	Programmes.
Morale	1 heure.	Pages 23
Langue française et Littérature	4 —	25
Langues vivantes	3 —	26
Histoire et Géographie	3 —	27 et 29
Mathématiques	1 —	29
Physique et Chimie	3 —	30
Physiologie.		31
Economie domestique.	1 —	31
Hygiène.		32
	16 heures d'enseignement proprement dit.	
Dessin. Histoire de l'art	3 —	33
Musique vocale	1 —	»
Total.	20 heures.	
Trois fois par semaine après la classe du matin :		
Travaux à l'aiguille	3 — (1 heure chaque fois).	»
Gymnastique	1 — 1/2 (1/2 heure chaque fois).	34
En tout.	24 heures 1/2.	

PROGRAMMES.

MORALE [2].

(Une heure par semaine.)

Notions préliminaires.

La responsabilité morale : la Liberté ; le Bien ; le Devoir ; le Droit ; la Vertu.

1. Voir, pages XIV et XV, le passage du Rapport de M. Marion, relatif à l'emploi du temps dans les lycées et collèges de jeunes filles.
2. Le cours de morale ne sera pas fait uniquement sous forme didactique. Le professeur y mêlera de nombreux exemples et récits.

Morale pratique.

Devoirs domestiques. — Devoirs des enfants envers les parents, des frères et sœurs entre eux, des époux entre eux, des parents envers les enfants, des maitres et des serviteurs. — L'esprit de famille.

Devoirs civiques. — La patrie. L'État et les citoyens. L'autorité publique; la Constitution et les lois.

Devoirs des citoyens : obéissance aux lois, service militaire, impôt, vote.

Devoirs des gouvernants ; les grands pouvoirs publics.

Le patriotisme.

Devoirs des nations entre elles. — Notions sur le droit des gens.

Devoirs généraux de la vie sociale. — 1° *La Justice*. — Respect des personnes. Respect de la personne dans sa vie, dans sa liberté, dans son honneur et sa réputation, dans ses croyances et ses opinions, dans ses biens, etc... Respect des contrats et des promesses.

Justice distributive et rémunérative. — Équité.

2° *La Charité*. — Bienveillance et bienfaisance ; aumône, bonté, solidarité. La politesse.

Devoirs à l'égard des animaux.

Devoirs personnels. — Respect de soi-même ; véracité, modestie, prévoyance, courage, empire sur soi-même.

Développement de toutes nos facultés : le travail.

Devoirs religieux et droits correspondants. — Rôle du sentiment religieux en morale.

Liberté des cultes.

Les sanctions de la morale : rapports de la vertu et du bonheur. La vie future et Dieu.

LANGUE ET LITTÉRATURE FRANÇAISES.

LITTÉRATURES ANCIENNES.

(Quatre heures par semaine.)

Revision de la grammaire française. — Étude de la période. — Assembler en une ou plusieurs périodes les diverses circonstances d'un récit. — Réunir deux ou trois propositions en une seule. — Remplacer un complément par une proposition, et réciproquement. — Emploi des temps et des modes.

Notions sommaires de versification. — Vers à retourner ; vers à mettre en prose ; etc.

Notions sommaires de composition. — Distinguer et analyser les différents genres littéraires (vers et prose).

Compositions écrites, avec matières de moins en moins développées. — Analyses et appréciations littéraires, d'abord orales, puis mises par écrit.

Notions d'histoire de la littérature française depuis le XVIe siècle ; insister spécialement sur le XVIIe et le XVIIIe siècle.

Cours sommaire sur les littératures anciennes : principales époques et principaux auteurs.

Auteurs.

Fénelon, *Éducation des filles.*

Voltaire, *Siècle de Louis XIV*, spécialement chap. 31-34.

Bossuet, *Oraisons funèbres d'Henriette de France et d'Henriette d'Angleterre.*

Boileau, *Art poétique.*

Corneille, *le Cid, Horace.*

Molière, *Les Femmes savantes.*

Morceaux choisis de prosateurs et de poètes français du XIe au XIXe siècle (la part faite au moyen âge doit

1. La lecture à haute voix fait partie du Cours de langue et littérature françaises.

être restreinte, et les textes doivent être accompagnés de traductions; la part faite au XVIe siècle plus considérable).

Notions d'histoire littéraire à propos des auteurs lus et étudiés.

Lecture à haute voix.

Voir page **16**, le programme commun à la *Deuxième année* et à la *Troisième année*.

LANGUES VIVANTES[1].

(Trois heures par semaine.)

PROGRAMME POUR L'ANGLAIS ET L'ALLEMAND[2].

Continuation des exercices de l'année précédente.

Conversations.

Études de vocabulaire: mots groupés par ordre de matière.

Lecture cursive de morceaux faciles.
Lecture commentée de textes préparés.

Les verbes irréguliers.
La syntaxe.

(**Auteurs anglais**[3].

J. Habberton, *Les enfants d'Hélène.*
Washington Irving, *Voyages de Christophe Colomb.*
Charles Lamb, *Pièces de Shakspeare* racontées en prose.
Charles Dickens, *Contes de Noël*, *La petite Dorrit.*
Miss Mulock, *John Halifax, gentleman*, *Une noble vie.*
Tennyson, *La grand'mère.*
Morceaux choisis (vers et prose).

1. Voir la note 1, page 6.
2. Voir la note 2, page 6.
3. Il n'est pas interdit de prendre, en dehors de cette liste, des ouvrages du même genre.

Auteurs allemands[1].

Grimm, *Contes populaires.*
Chamisso, *Pierre Schlemihl.*
Schiller, *Oncle et Neveu.*
Ottilie Wildermuth, *Romans choisis.*
Musæus, *Contes.*
Morceaux choisis (vers et prose).

HISTOIRE ET GÉOGRAPHIE.

(trois heures par semaine.)

1° Histoire.

Depuis la mort de Louis XIV jusqu'en 1875.

Louis XV. La Régence. Le système de Law. Guerre de la succession de Pologne.

Frédéric II et Marie-Thérèse. Guerre de la succession d'Autriche ; guerre de Sept ans.

Les colonies françaises au XVIIIe siècle. Lutte maritime entre la France et l'Angleterre. Les Indes et le Canada.

Choiseul. État de l'opinion en France. Les Jésuites et les Parlements.

Le régime parlementaire en Angleterre : orateurs ; écrivains. Essor commercial et industriel. Conquête des Indes. Soulèvement des colonies d'Amérique.

Catherine II. La Pologne, la Suède, la Turquie.

Louis XVI. Turgot, Necker. Guerre d'Amérique.

Assemblée des notables.

Progrès des sciences. Les philosophes, les économistes. Mouvement des idées en France et en Europe. Les souverains réformateurs en dehors de la France.

État de la France à la fin du XVIIIe siècle. Le Roi, la Cour et le Gouvernement.

L'organisation sociale. La Noblesse, le Clergé, le Tiers-État.

Convocation des États généraux ; les États généraux et la Constituante. Journée du 14 juillet et nuit du 4 août.

La Constitution de 1791 et les réformes.

La Législative. La première coalition.

La Convention. Le Comité de salut public ; le 9 Thermidor. Créations de la Convention.

Histoire des guerres sous la Convention. Traités de Bâle.

Le Directoire. Campagne d'Italie ; expédition d'Égypte. Deuxième coalition. Le 18 brumaire.

Bonaparte. Constitution de l'an VIII.

Institutions du Consulat. Le Code civil. Le Concordat. Traités de Lunéville et d'Amiens.

L'Empire. Guerres. Traités de Presbourg, de Tilsitt, de Vienne. La France et l'Europe en 1810. États fondés par Napoléon. Caractère du gouvernement impérial.

Guerre de Russie. Campagnes de 1813 et de 1814.

Première Restauration. La charte. Les Cent jours. Traités de Paris et congrès de Vienne.

Deuxième Restauration. Louis XVIII et Charles X. Gouvernement parlementaire.

La Sainte-Alliance ; les congrès : indépendance de la Grèce.

Prise d'Alger. Les ordonnances de Juillet.

La Révolution de 1830.

Progrès des sciences, de l'industrie et du commerce depuis le commencement du siècle.

Les lettres et les arts. Le romantisme.

La monarchie de Louis-Philippe. Indépendance de la Belgique.

Le régime parlementaire de 1830 à 1848.

La question d'Orient.

Conquête de l'Algérie.

La littérature, les sciences et les arts.

Révolution de 1848 ; contre-coup en Europe. Le deux décembre.

Le second Empire. Guerres de Crimée, d'Italie, du Mexique.

Guerre de 1870-71. Traité de Francfort.

La troisième République. Constitution de 1875.

Les grandes puissances européennes au XIXe siècle : la Russie ; ses progrès en Europe et en Asie ; émancipation des serfs. — La Turquie et ses démembrements ;

le traité de Berlin. — L'Angleterre ; développement de son empire colonial. — L'empire d'Allemagne, ses origines, sa formation. — L'Autriche-Hongrie, le dualisme. — Etablissement du royaume d'Italie.

Amérique. Formation des Républiques de l'Amérique du Sud. l'Empire du Brésil. Les États-Unis; leurs agrandissements. Guerre de sécession. Abolition de l'esclavage.

La Chine et le Japon ; leurs relations avec les Européens.

2° Géographie.

Géographie de la France.

Configuration, dimensions, superficie de la France.

Mers qui la baignent. Description des côtes.

Ports de commerce et ports militaires.

Les frontières de la France. Défenses naturelles et places fortes.

Relief du sol. Chaînes de montagnes. Plateaux et plaines. Régime des eaux. Climat. Température. Vents dominants.

Formation territoriale de la France. Anciennes provinces. Organisation actuelle : communes, cantons, arrondissements, départements.

Pouvoirs publics, administration centrale ; les ministères.

Routes. Chemins de fer. Canaux.

Algérie et possessions coloniales de la France.

MATHÉMATIQUES.

(Une heure par semaine.)

Géométrie plane.

Des angles. — Cas d'égalité des triangles.

Perpendiculaires et obliques. — Parallèles.

Du parallélogramme.

Somme des angles d'un polygone.

Circonférence. — Arcs et cordes. — Tangente.

Polygones réguliers. — Assemblages formés avec des polygones réguliers.

Mesure de la circonférence. (Règle pratique.)

Mesure des aires. — Rectangle, parallélogramme, triangle, trapèze, polygone régulier, cercle.

Carré de l'hypoténuse.

Des lignes proportionnelles. — Triangles semblables.

Problèmes relatifs aux lignes proportionnelles.

Rapport des aires de deux figures semblables.

SCIENCES PHYSIQUES.

(Trois heures par semaine.)

1° Physique.

(Trois heures par semaine pendant un semestre. Deux heures par semaine pendant l'autre semestre.)

Propriétés générales des corps.

Pesanteur. — Chute des corps (étude expérimentale).

Poids des corps. — Balances. — Poids spécifiques.

Équilibre des liquides. — Surface libre d'un liquide en repos. — Pressions sur le fond et sur les parois des vases (étude expérimentale).

Vases communiquants. — Applications. — Exception présentée par les tubes capillaires.

Transmission des pressions dans les liquides. — Presse hydraulique.

Principe d'Archimède. — Corps flottants. — Aréomètre de Nicholson.

Propriétés générales des gaz.

Pression atmosphérique. — Baromètre.

Loi de Mariotte.

Machine pneumatique. — Pompes. — Siphon.

Aérostats.

Notions très élémentaires de mécanique. — Machines simples.

2° Chimie.

(Une heure par semaine pendant un semestre.)

Eau. — Oxygène et hydrogène.

Air. — Oxygène et azote. — Combustion.

Corps simples et corps composés. — Nomenclature.

Charbon. — Acide carbonique.
Soufre. — Phosphore. — Chlore.
Silice.
Notions sommaires sur les acides, les métaux usuels, les bases, les sels et les matières organiques.

NOTIONS DE PHYSIOLOGIE.

destinées à servir de préliminaires à l'étude de l'Économie domestique et de l'Hygiène qui doivent être enseignées dans le cours de la même année.

(Une heure par semaine pendant un trimestre.)

Notions sur la nutrition.
Absorption. Apport des aliments digérés dans la circulation.
La circulation. La respiration.
La sensibilité. Le système nerveux périphérique. Le système nerveux central. Transmission des impressions sensitives de la périphérie au centre. Transmission des incitations motrices du centre à la périphérie.
Le mouvement. Les leviers passifs du mouvement ou les os. Les agents actifs du mouvement ou les muscles.
Les organes des sens. La voix.

ÉCONOMIE DOMESTIQUE.

(Une heure par semaine pendant un trimestre.)

Notions élémentaires d'économie domestique.
Emploi du temps. — Soins du ménage.
Entretien du mobilier, des étoffes et du linge.
Lessive et repassage.
Notions élémentaires de cuisine.
Comptabilité du ménage.

HYGIÈNE.

(Une heure par semaine pendant un semestre.)

De l'hygiène. — Son but. — Son utilité.

Hygiène de la première enfance.

Hygiène scolaire. — Influence des attitudes sur les déformations du corps. — Action de l'éclairage sur la vue.

Hygiène de la voix. — La parole, la lecture, le chant.

Hygiène de la vie sédentaire.

Hygiène des professions manuelles. (Citer quelques exemples.) — Travail des enfants dans les manufactures.

De l'air.

Impuretés de l'air : poussières, substances gazeuses, miasmes.

Des climats.

Des divers éléments qui entrent dans la constitution des climats.

Température. — Courants atmosphériques et maritimes. — Influence de l'altitude. — Variations annuelles de la température. — Variations diurnes. — Influence de l'humidité, des pluies.

Des eaux potables.

Moyens pratiques de conserver et de purifier les eaux.

Des eaux impures et malsaines.

Des aliments et de l'alimentation.

Aliments d'origine minérale, végétale et animale.

Aliments usuels : farine; pain; viande; œufs; lait; beurre; graisses; huiles; légumes; fruits; alcool; vin; bière; cidre; thé; café; chocolat. — Leurs qualités nutritives.

Préparation et conservation des aliments. — Leurs altérations. — Poisons métalliques dans les conserves.

Des vêtements. — Adaptation. — Le vêtement, véhicule des germes morbides.

Des cosmétiques. — Leurs dangers.

Des bains. — De la propreté corporelle.

De l'exercice. — Son influence sanitaire.

De la marche, de la course, de l'équitation.

Des habitations. — Sol. — Exposition et disposition des maisons.

Cube d'air. — Ventilation. — Chauffage.

Éclairage naturel et artificiel. — Matières éclairantes. — Gaz. — Éclairage électrique.

Action sur l'œil des rayons diversement colorés.

Du mode de transmission de quelques maladies contagieuses.

Précautions à prendre pour les prévenir. — Isolement et désinfection.

DESSIN ET HISTOIRE DE L'ART.

(Trois heures par semaine.)

Dessin.

Dessin d'ornement et de figure d'après la bosse, en alternant. — Dessin de fleurs d'après nature.

Conférence chaque fois qu'on change le modèle. Le professeur explique; il appelle les élèves au tableau et s'assure qu'elles ont vu juste avant de commencer le dessin.

Perspective. — Dessin géométral.

On devra varier le procédé d'exécution et employer tantôt le fusain, tantôt le crayon sec.

Histoire de l'art[1].

Sur l'histoire de l'art français depuis le XIIIe siècle.

Ce que l'on entend par œuvre d'art.

Grandes divisions de l'histoire de l'art.

Antiquité. — L'art égyptien et l'art assyrien.

L'art grec : art grec archaïque; siècle de Périclès; siècle d'Alexandre.

Les grandes écoles d'art dans le monde hellénique, après Alexandre.

L'art étrusque.

L'art romain. Comment Rome a compris l'art grec.

1. Cet enseignement doit être surtout pratique et accompagné de visites aux musées et aux monuments.

Moyen âge. — L'art chrétien à Rome. L'art byzantin.
L'art arabe en Syrie, en Espagne, en Egypte.
L'art roman.
L'art ogival, en France, en Allemagne, en Italie, en Espagne, en Angleterre.
L'architecture civile et militaire au moyen âge.

Renaissance. — Origines de la Renaissance. La Renaissance principalement en Italie et en France. Les diverses écoles.
L'art au XVIIe siècle (France, Flandre, Hollande, Espagne).
L'art au XVIIIe siècle (France, Angleterre.)
L'art au XIXe siècle.

GYMNASTIQUE [1].

(Une heure et demie par semaine.)

Les mêmes exercices que dans les années precedentes, page 13.

Gymnastique avec appareils.

Exercices élémentaires avec instruments.
Haltères.
Bâton.
Canne à deux élèves.

1. Les exercices auront lieu conformément au Manuel de gymnastique approuvé pour les écoles normales d'institutrices et les écoles de jeunes filles.

EXAMEN DE PASSAGE ET CERTIFICAT D'ÉTUDES SECONDAIRES.

L'examen de passage de la *Troisième année* des cours de l'Enseignement secondaire des jeunes filles à la *Quatrième année*, qui ouvre la deuxième période de cet enseignement, est un examen oral; il porte sur les matières comprises dans le programme de la *Troisième année*.

Le certificat d'aptitude aux bourses dispense de cet examen.

Un *Certificat d'études secondaires de Troisième année* est délivré à toute élève des lycées et collèges de jeunes filles qui a satisfait aux épreuves de l'examen de passage de la *Troisième* à la *Quatrième* année[1].

1. Voir, page XXIV, l'arrêté du 28 juillet 1882, relatif à la délivrance de ce certificat, auquel une mention supplémentaire peut être ajoutée, lorsque l'élève a subi avec succès, à la fin de la première année de la seconde période, l'examen de passage de la *Quatrième* année à la *Cinquième*.

DEUXIÈME PÉRIODE

OU COURS SUPÉRIEUR.

(Deux Années, de 15 à 17 ans.)

QUATRIÈME ANNÉE.

[Première année de la Deuxième période.]

(15-16 ANS, AGE MINIMUM.)

Répartition de l'Enseignement de la Quatrième année.

1° COURS OBLIGATOIRES.

	Par semaine.		Programmes	
Morale	1 heure.		Pages	37
Langue et Littérature françaises.	4 —	. . . .	37 et	38
Langues vivantes; Littératures étrangères.	3 —	. . . .		39
Histoire. . . . . , ...	2 —	. . . .		40
Cosmographie.	1 —	. . . .		41
Physique	1 —	. . . .		42
Physiologie animale et végétale. .	1 —	. . . .		43
	13 heures.			
Trois fois par semaine après la classe du matin:				
Travaux à l'aiguille.	3 —	(1 heure chaque fois)		»
Gymnastique	1 h. 1/2	(1/2 h. chaque fois)		44
Total.	17 h. 1/2.			

2° COURS FACULTATIFS.

Série A. { Littératures anciennes	3 —	. . . .	45
Série A. { Éléments de Langue latine.	1 —	. . . .	45
Série B. — Mathématiques. . . .	3 —	. . . .	45
Musique vocale	1 —	. . . .	»
Dessin.	3 —	. . . .	46
En tout.	28 h. 1/2.		

1. Voir, pages XIV, XV, XVII et XVIII, les passages du Rapport de M. Marion, relatifs à l'emploi du temps dans les lycées et collèges de jeunes filles, et à la répartition de l'enseignement dans la Quatrième année.

PROGRAMMES.

1° COURS OBLIGATOIRES.

MORALE[1].

(Une heure par semaine.)

Morale théorique et notions historiques.

Le devoir et le plaisir : vrai rôle du plaisir et du sentiment en morale.
Le devoir et l'intérêt : rapports de l'intérêt privé et de l'intérêt public avec la morale.
Le devoir pur.

Étude critique des grands systèmes de morale. Examen de la morale d'Épicure, de la morale de la sympathie, de la morale utilitaire et de la morale de Kant.

Lecture et analyse de quelques ouvrages de morale.

LANGUE ET LITTÉRATURE FRANÇAISES[2].

ÉLÉMENTS DE LITTÉRATURE ANCIENNE.

(Quatre heures par semaine.)

Notions générales sur l'histoire de la langue française.

Cours de grammaire historique de la langue française. — Expliquer par l'histoire de la langue les principales règles de la grammaire moderne. — Traduction en français moderne de textes français du moyen âge et du XVIe siècle.

Règles de composition. — Invention, disposition, élocution. — Qualités du style.

Exercices oraux : lectures commentées ; récitations. — Analyse et appréciation de passages d'auteurs. — Corrections de devoirs par les élèves.

1. Le cours de morale ne sera pas fait uniquement sous forme didactique. Le professeur y mêlera de nombreux exemples et récits.
2. La lecture à haute voix fait partie du Cours de langue et littérature françaises.

Exercices écrits : compositions littéraires, narrations, lettres, discours, parallèles, analyses littéraires, exposés.

Histoire abrégée de la littérature française, des origines à la Renaissance.— Histoire de la littérature française, de la Renaissance à Corneille.

Histoire de la littérature grecque. — Lectures à l'appui.

Auteurs.

Fragments de la *Chanson de Roland.*
Villehardouin, Joinville.
Fénelon, *Lettre à l'Académie.*
Bossuet, *Oraison funèbre du prince de Condé.*
La Bruyère, *Les Caractères.*
Voltaire, *Charles XII.*
Corneille, *Cinna.*
Morceaux choisis d'auteurs français, des origines à nos jours.
Morceaux choisis d'auteurs grecs tirés des meilleures traductions.

Lecture à haute voix[1].

Avec *la quatrième et la cinquième année*, on entre en plein dans le domaine de l'art. L'étude du beau devient le principal objet. L'imagination réclame son droit de culture, comme l'intelligence.

Un bon cours de lecture doit être en raccourci un cours de littérature. Chaque grand écrivain, ayant un style propre, exige une diction particulière. Apprendre à le bien lire, ce sera pénétrer dans le secret de son talent ; et ainsi l'étude successive, réfléchie et comparée, de tous nos grands écrivains au point de vue de la lecture deviendra l'étude du génie français.

Un bon maître de lecture doit être le collaborateur de tous les autres maîtres.

1. Les professeurs de tous les cours doivent exiger de leurs élèves l'observation des règles fondamentales de la diction ; l'étude de la lecture n'est bonne à rien, si elle ne fait pas partie de tout.—Voir, page 5, l'instruction générale pour la lecture à haute voix.

LANGUES VIVANTES[1] ET LITTÉRATURES ÉTRANGÈRES[2].

(Trois heures par semaine).

PROGRAMME POUR L'ANGLAIS ET L'ALLEMAND[3].

Continuation des exercices de l'année précédente.
Idiotismes.

Compositions sur des sujets faciles et pratiques ; lettres familières.

Monnaies, poids et mesures.
Lectures expliquées et commentées dans la langue de l'auteur.

Études de vocabulaire : formation et dérivation des mots ; mots groupés par familles.

Éléments de prosodie.
Mettre en prose une pièce de vers.

Auteurs anglais[4].

Macaulay, *Histoire d'Angleterre* (tome I).
Charles Dickens, *Magasin d'antiquités*, *David Copperfield*.
Walter Scott, *Romans choisis.*
Tyndall, *L'eau et ses formes.*
Longfellow, *Evangeline.*
Morceaux choisis (vers et prose).

Auteurs allemands[4].

Schiller, *La Révolte des Pays-Bas*, *Guillaume Tell.*
Gœthe, *Iphigénie en Tauride.*
Poésies choisies de Schiller et de Gœthe.
Lectures historiques et géographiques.
Morceaux choisis (vers et prose).

1. Voir la note 1, page 6.
2. M. Marion remarque, dans son Rapport (page xv), que la Commission n'a pas séparé les langues vivantes des littératures étrangères.
3. Voir la note 2, page 6.
4. Il n'est pas interdit de prendre, en dehors de cette liste, des ouvrages du même genre.

HISTOIRE.

(Deux heures par semaine.)

Histoire sommaire de la civilisation jusqu'à Charlemagne.

1° Les âges préhistoriques. Ages de la pierre, du bronze, du fer.

2° Grandes divisions de l'histoire; histoire ancienne; histoire moderne.

Histoire ancienne de l'Orient.

Sources d'informations pour l'histoire des civilisations antiques. Les langues, les monuments. Les inscriptions.

Egyptiens. — Memphis et Thèbes. La religion et les arts. — Les récits d'Hérodote; les découvertes de Champollion et de ses successeurs.

Assyriens; Babyloniens. — Babylone et Ninive d'après les récits anciens et les découvertes modernes.

Les Aryas de l'Inde. La Société brahmanique. Le bouddhisme.

Les Iraniens et les Perses. — La religion de Zoroastre. L'Empire perse. Persépolis, Suse.

Les Phéniciens. — Leur commerce et leurs colonies. L'alphabet. — Tyr et Carthage.

Les Hébreux. — Leur religion. Jérusalem, le Temple. Leurs destinées après la dispersion.

Histoire grecque.

Ioniens et Doriens. Athènes et Sparte.

La religion; mythologie. Les oracles, les amphictyonies et les jeux solennels.

Opposition du monde oriental et du monde grec. Guerres médiques. Lutte des Grecs entre eux.

Le siècle de Périclès. Les arts à Athènes. Principaux monuments. Les lettres, le théâtre, les orateurs.

Alexandre. Conquête de l'Asie. Diffusion de l'esprit grec en Orient. Alexandrie et Pergame.

Conquête de la Grèce par les Romains. Diffusion de l'esprit grec en Occident.

Histoire romaine.

Anciennes populations de l'Italie. Les Etrusques.

Rome. La religion. La famille. La cité. Période républicaine. Patriciens et plébéiens. Les comices, le sénat, les magistratures.

Organisation militaire. Colonies.

Conquêtes des Romains. Caractère et conséquences des conquêtes. Le domaine public. Lois agraires. Les esclaves.

Transformation des mœurs à Rome sous l'influence de la Grèce et de l'Orient.

Causes de la décadence de la République.

Période impériale. Époque d'Auguste et des Antonins. Étendue de l'empire au IIe siècle de l'ère chrétienne. Institutions impériales.

La littérature et l'art. La ville de Rome.

Le christianisme. Les catacombes.

Transformation du gouvernement sous Dioclétien et Constantin. Constantinople.

État du monde barbare au IVe siècle. Causes diverses qui ont facilité les invasions. La Gaule; la vie municipale.

Moyen âge.

L'empire romain d'Orient ; Justinien; la législation ; l'art byzantin ; le schisme grec.

Mahomet et le Coran ; l'islamisme.

Action du christianisme et de la civilisation romaine sur les Germains.

Charlemagne empereur d'Occident.

COSMOGRAPHIE.

(Une heure par semaine.)

La terre. — Forme et dimensions. — Rotation; pôles; équateur; méridiens; parallèles. — Longitude et latitude.

Aplatissement.

Du soleil. — Ses dimensions, sa distance à la terre.— Constitution physique, rotation, taches. — Lumière zodiacale.

Planètes. — Loi de l'attraction universelle. — Mouvement de translation de la terre.

Notions sur les planètes. — Mercure, Vénus, Mars, Jupiter, Saturne, Uranus, Neptune.

Des satellites. — Lois de leur mouvement.

De la lune. — Son mouvement autour de la terre. — Phases. — Constitution physique.

Des comètes. — Détails sur les plus importantes.

Étoiles filantes, bolides.

Des étoiles. — Principales constellations.

Nébuleuses. — Voie lactée.

Étoiles doubles, étoiles variables ou temporaires.

PHYSIQUE.

(Une heure par semaine.)

Chaleur.

Dilatation des corps par la chaleur. — Thermomètre. — Température.

Changement d'état des corps. — Fusion. — Solidification.

Vaporisation. — Tension de la vapeur. — Vapeurs saturantes et non saturantes.

Évaporation. — Ébullition. — Distillation. — Froid produit par l'évaporation. — Production de la glace. — Mélanges réfrigérants.

État hygrométrique de l'air. — Brouillards. — Pluie. — Neige. — Rosée.

Principe de la machine à vapeur.

Propagation de la chaleur par rayonnement et par conductibilité. — Conductibilité des corps pour la chaleur.

Chauffage des appartements.

Acoustique.

Productions des sons. — Vitesse du son dans l'air, dans les solides et dans les liquides.

Réflexion du son. — Écho.

Qualités du son. — Mesure de la hauteur d'un son. — Intervalles musicaux. — Gamme.

Propriétés des cordes vibrantes et des tuyaux sonores établies expérimentalement.

PHYSIOLOGIE ANIMALE ET VÉGÉTALE.

(Une heure par semaine.)

Physiologie animale.

(Une heure par semaine pendant le premier semestre.)

LES FONCTIONS DE NUTRITION.

La digestion. — Bouche, dents, mastication, salive, suc gastrique, suc pancréatique, suc entérique. Action des sucs digestifs sur les matières albuminoïdes, féculentes, sucrées et grasses de l'alimentation.

Les fonctions du foie.

La circulation. — Le sang et les globules. Coagulation du sang hors des vaisseaux. Le cœur, les artères, les capillaires, les veines. Grande et petite circulation. Les vaisseaux lymphatiques, leur circulation.

La respiration. — Les poumons, la poitrine, l'inspiration, l'expiration. L'absorption d'oxygène, l'exhalation d'acide carbonique, le sang artériel, le sang veineux, l'asphyxie.

Les combustions organiques. La chaleur animale. L'élimination par le foie, les reins, la peau.

LES FONCTIONS DE RELATION. — Les rapports de l'être vivant avec le monde extérieur.

Le mouvement. — Le squelette, les os, les articulations, les muscles. Relation des muscles avec le système nerveux central et périphérique. La station. La locomotion.

La voix. — L'instrument de la voix ou le larynx. La voix, le chant, la parole.

Les organes des sens. — Les nerfs spéciaux de ces organes. Rôle du système nerveux central dans la sensation.

Le toucher, la peau ; diverses sensations tactiles. L'odorat, le goût, l'ouïe. La vue, le globe de l'œil, les muscles qui le meuvent, les organes qui le protègent. La rétine et le cristallin ; accommodation de l'œil pour la vision aux diverses distances. Myopie, presbytie.

Physiologie végétale.

(Une heure par semaine pendant le deuxième semestre.)

Absorption par les racines. Sève ascendante ; sève nourricière ; transpiration ; respiration ; assimilation ; désassimilation.

Formation des matériaux de la plante à l'aide des matières inorganiques.

Mode d'accroissement des tiges et des racines.

Germination. Conditions relatives à la graine ; conditions extérieures essentielles (eau, air, chaleur).

GYMNASTIQUE[1].

(Une heure et demie par semaine.)

Le programme de Gymnastique, commun à la Quatrième et à la Cinquième année, comprend les mêmes exercices de gymnastique avec appareils qu'en Troisième année (page 34).

Exercices aux agrès.

Échelle de corde.

Échelles de bois, horizontale, inclinée, orthopédique.

Barres parallèles.

1. Les exercices auront lieu conformément au Manuel de gymnastique approuvé pour les écoles normales d'institutrices et les écoles de jeunes filles.

2° COURS FACULTATIFS.

LITTÉRATURES ANCIENNES.

(Trois heures par semaine.)

L'enseignement des littératures anciennes, surtout grecque et romaine, doit tenir une place principale parmi les cours facultatifs de la Quatrième année. Le programme de ce cours sera préparé par le professeur et approuvé par la Directrice.

ÉLÉMENTS DE LA LANGUE LATINE.

(Une heure par semaine.)

Le latin est utile pour la connaissance du français[1] ; c'est à ce titre qu'une heure est consacrée, dans les deux dernières années de l'enseignement secondaire des jeunes filles, aux éléments de la langue latine, dont le programme sera préparé par le professeur et approuvé par la Directrice.

MATHÉMATIQUES.

(Trois heures par semaine.)

Arithmétique.

Revision détaillée; on insistera sur les raisonnements et on ajoutera les questions suivantes :

Recherche directe du plus grand commun diviseur et du plus petit commun multiple de deux nombres.

Conversion d'une fraction ordinaire en fraction décimale.

Progressions arithmétiques et géométriques.

Logarithmes.

Algèbre.

Notions sommaires sur le calcul algébrique.

Résolution des équations numériques du premier degré.

Equations du second degré.

Représentation de la variation des fonctions les plus simples par une courbe.

1. Voir le Rapport de M. Marion, page XVII.

Géométrie plane.

Des angles, des triangles.
Des perpendiculaires et des obliques.
Des parallèles. — Somme des angles d'un polygone.
La circonférence. — Arcs et cordes. — Tangente au cercle. — Positions relatives de deux circonférences.
Mesure des angles.
Problèmes de construction.
Des lignes proportionnelles. — Triangles et polygones semblables.
Théorème relatif aux sécantes dans le cercle. — Relations métriques entre les côtés d'un triangle.
Problèmes sur les lignes proportionnelles.
Polygones réguliers.
Aires planes. — Problèmes sur les aires.
Définition des lignes trigonométriques *d'un angle.*

DESSIN.

(Trois heures par semaine.)

Notions d'architecture. — Perspective et ombres.

Dessin de figure. Ensembles d'après l'estampe d'abord, puis d'après la bosse. Leçon orale sur l'anatomie, les proportions, les caractères de la beauté. — Copie de fleurs et feuillages combinés.

Composition d'ornement. — Explication sur les styles; exercices au tableau, reproduits ensuite sur les cahiers.

EXAMEN DE PASSAGE[1].

L'examen de passage de la *Quatrième* à la *Cinquième* année des cours de l'Enseignement secondaire des jeunes filles est un examen oral; il porte sur les matières comprises dans le programme de la *Quatrième année*, cours obligatoires et cours facultatifs suivis par l'élève[2].

1. Voir la note 1 de la page 14.
2. Cet examen donne lieu à une mention supplémentaire sur le *Certificat d'études secondaires* (*Arrêté du* 28 *juillet* 1882, *art.* 6, page XXIV).

CINQUIÈME ANNÉE.

[Deuxième année de la Deuxième période.]

(16-17 ANS, AGE MINIMUM.)

Répartition de l'Enseignement de la Cinquième Année.

1° COURS OBLIGATOIRES.

	Par semaine.	Programmes.
Éléments de Psychologie	1 heure.	Pages. . . . 48
Langue française et Littérature	3 —	49
Langues vivantes	3 —	50
Histoire	2 —	51
Notions de droit usuel / Économie domestique	1 —	53 et 54
Physique et Chimie	2 —	55 et 56
	12 heures.	
Trois fois par semaine après la classe du matin :		
Travaux d'aiguille	3 —	(1 h. chaque fois) . . . »
Gymnastique	1 h. 1/2	(1/2 h. chaque fois) . . . 57
Total	16 heures 1/2.	

2° COURS FACULTATIFS.

Série A.	Littératures anciennes	2 —	57
	Éléments de langue latine	1 —	57
Série B.	Géographie économique	1 —	57
	Mathématiques	2 —	58
	Physiologie animale et végétale	2 —	59
Musique vocale		1 —	»
Dessin		3 —	59
En tout		28 heures 1/2.	

1. Voir, pages XIV, XV et XVII, les passages du Rapport de M. Marion, relatifs à l'emploi du temps et à la répartition de l'enseignement dans la Cinquième année.

PROGRAMMES.

1° COURS OBLIGATOIRES.

ÉLÉMENTS DE PSYCHOLOGIE APPLIQUÉE A L'ÉDUCATION.

(Une heure par semaine.)

La psychologie. — Son objet et sa méthode ; son rôle dans l'art de l'éducation.

Les faits de conscience et les facultés. — Action réciproque des facultés les unes sur les autres ; instruction et éducation.

L'activité. — Activité instinctive et physique. Éducation du mouvement : jeux, exercices, promenades, gymnastique.

Activité volontaire : liberté et personnalité.

Le caractère : formation et développement du caractère ; empire sur soi-même.

L'habitude. Ses lois ; applications à l'éducation.

La sensibilité. — Les inclinations naturelles : utiliser ces inclinations dans l'enfant ; instinct d'imitation ; instinct de curiosité ; émulation, etc. Développement des sentiments sympathiques. Culture du sens moral, du sens du vrai, du sens du beau.

Les émotions : plaisir et douleur ; leur rôle dans l'éducation ; deux excès : complaisance et dureté. — Le jeu dans ses rapports avec le travail.

L'intelligence. — La conscience : retour sur soi-même ; art de se connaître ; examen de conscience.

Les sens. Éducation des sens ; art de voir et art d'entendre ; le dessin et la musique.

Mémoire. Lois de la mémoire ; diverses espèces de mémoire. Utilité et abus de la mnémotechnie. Loi d'association : association des idées entre elles, des idées et des sentiments, des sentiments et des mouvements. Rapports de l'association et de l'habitude. Conséquences pratiques et pédagogiques.

L'imagination. Son utilité et ses dangers ; moyens de la développer et de la contenir.

Attention et réflexion. Importance de ces facultés dans la conduite de la vie : la prévoyance, la persévérance, la suite dans les idées.

La comparaison. Étendre les idées de l'enfant ; leçons de choses, voyages, lectures, conversations.

Facultés intellectuelles proprement dites. — Raison, abstraction et généralisation ; jugement et raisonnement ; induction et déduction. Usage de ces facultés.

L'expression. — Signes, langage, parole, écriture.

L'erreur. — Causes et variétés de l'erreur : fausses associations ; préjugés ; influence des passions ; esprit de contradiction ; abus de langage, etc. Moyens correctifs.

Conclusion. — Différence de l'homme et de l'animal. Matérialisme et spiritualisme ; le problème de la destinée humaine ; importance de ces questions pour la dignité et l'élévation de l'âme.

LANGUE ET LITTÉRATURE FRANÇAISES[1]. LITTÉRATURES ANCIENNES.

(Trois heures par semaine.)

Revision du cours de grammaire historique. — Étude de la prosodie française.

Histoire de la littérature française, de Corneille à nos jours. — Insister sur les chefs-d'œuvre.

Règles des divers genres littéraires en vers et en prose. — Exemples principaux ; analyses.

Exercices oraux : lectures avec commentaires. — Récitations. — Appréciations littéraires, etc.

Exercices écrits : — Portraits, discours, dissertations, dialogues, développements de pensées, questions de littérature, de morale, d'histoire, etc.

Histoire de la littérature latine. — Lectures à l'appui,

1. La lecture à haute voix fait partie du Cours de langue et littérature françaises.

Auteurs.

Pascal, *Provinciales, I, IV, XIII; Pensées choisies.*
Bourdaloue, Massillon, *Morceaux choisis.*
Bossuet, *Sermons choisis.*
Racine, *Athalie.*
Corneille, *Polyeucte.*
Molière, *Le Misanthrope.*
Buffon, *Discours sur le style.*
Voltaire, *Lettres choisies.*
Rousseau, *Morceaux choisis.*

Morceaux choisis de prosateurs et poètes français, des origines à nos jours.

Morceaux choisis d'auteurs latins tirés des meilleures traductions.

Lecture à haute voix.

Voir, page 38, le programme commun à la *Quatrième année* et à la *Cinquième année*.

LANGUES VIVANTES[1] ET LITTÉRATURES ÉTRANGÈRES[2].

(Trois heures par semaine.)

PROGRAMME POUR L'ANGLAIS ET L'ALLEMAND[3].

Continuation des exercices de l'année précédente.

Conversations et compositions sur des sujets empruntés à toutes les matières enseignées dans le cinquième cours.

Histoire de la littérature.

Origines et époques principales de la langue.

Auteurs anglais[4].

Macaulay, *Essais biographiques.*
Shakspeare (Édition de famille).
Milton (Edition de famille).
Byron, Extraits.
Tennyson, Extraits.
Longfellow, Poèmes.

1. Voir la note 1, page 6.
2. Voir la note 2, page 39.
3. Voir la note 2, page 6.
4. Il n'est pas interdit de prendre, en dehors de cette liste, des ouvrages du même genre.

Auteurs allemands[1].

Poésies choisies de Schiller et de Gœthe.
Schiller, *Guerre de Trente ans, La mort de Wallenstein.*
Gœthe, *Hermann et Dorothée.*
Poésies lyriques du XVIIIe et du XIXe siècle.
Voyages, sciences, beaux-arts.

HISTOIRE.

(Deux heures par semaine.)

Histoire de la civilisation depuis Charlemagne jusqu'à nos jours.

Moyen âge *(Suite).*

Démembrement de l'empire de Charlemagne.

Le régime féodal. Les ordres de chevalerie.

L'Église et les ordres monastiques au XIe siècle. La papauté; son influence; lutte avec l'empire.

Les croisades; leurs résultats. Contact entre l'Orient et l'Occident.

Civilisation orientale (musulmane et grecque) : lettres, sciences, arts, industrie, commerce.

Civilisation occidentale; la littérature; l'art romain.

Progrès de la royauté et des classes populaires jusqu'au XIIIe siècle. Émancipation des communes; transformation graduelle du servage.

Le XIIIe siècle. Saint Louis. Prépondérance intellectuelle de la France. L'Université de Paris. L'art gothique.

Les institutions de Philippe le Bel.

La grande charte en Angleterre. Les cités de Flandre et d'Italie.

Renaissance et Temps modernes.

Les papes à Avignon et le grand schisme d'Occident.

Chute de l'empire d'Orient. Conséquences pour l'Europe occidentale.

La poudre à canon, la boussole, le papier, l'imprimerie.

1. Voir la note 4, page 50.

Les découvertes géographiques. Leurs résultats. La traite des noirs.

Progrès du pouvoir royal. Tendance vers l'unité et vers la centralisation en France et en Europe.

La Renaissance au XVIe siècle en Italie, en France et dans le reste de l'Europe.

La Réforme, ses origines. Différentes formes du protestantisme.

Réorganisation du catholicisme.

La société française au XVIe siècle : Noblesse, Clergé, Bourgeoisie.

La monarchie absolue en France. Louis XIII. Richelieu. Louis XIV.

Les traités de Westphalie. Le droit des gens. La diplomatie et l'équilibre européen.

La littérature, les sciences, les arts en France et en Europe au XVIIe siècle.

Modifications dans l'équilibre européen au XVIIIe siècle. La Prusse, la Russie, le royaume de Sardaigne. Décadence de la Turquie et de la Pologne.

Développement constitutionnel de l'Angleterre au XVIIe et au XVIIIe siècle.

Le régime colonial au XVIIIe siècle. Émancipation des colonies anglaises d'Amérique.

Progrès des sciences. Les économistes. Les philosophes. Idées nouvelles. Mouvement de réforme en Europe. L'ancien régime à la fin du XVIIIe siècle en France.

Période contemporaine.

Les principes de 1789 et l'œuvre de la Révolution; changements apportés dans l'ordre politique, social, économique.

Influence des idées et des principes de la Révolution française sur l'état de l'Europe.

Le régime parlementaire en France et en Angleterre. Progrès des idées constitutionnelles en Europe.

La révolution de 1848 et les questions sociales.

Abolition de l'esclavage.

Progrès des idées démocratiques.

Le mouvement littéraire et artistique depuis la fin du XVIIIe siècle.

Progrès des sciences, de l'industrie, de l'agriculture, du commerce. La vapeur et l'électricité.

Transformations économiques. Les traités de commerce, les expositions universelles et les grandes entreprises internationales.

Expansion de la civilisation européenne. Voyages d'explorations.

État actuel de l'Europe et du monde. Caractères de la civilisation contemporaine.

DROIT USUEL.

(Une heure par semaine pendant un semestre.)

Préambule.

Le cours de droit usuel doit avoir un but essentiellement pratique. Le professeur s'interdira les discussions abstraites, les commentaires et les analyses qui ne conviennent qu'à des juristes. Après avoir établi le caractère et l'autorité de la loi, pour en inspirer le respect, il développera surtout les points dont la connaissance peut être plus particulièrement utile à une femme et qui sont indiqués en italique.

I.

Le pouvoir législatif. Confection et publication des lois.

II. Notions de Droit civil.

1. *La famille et l'état des personnes.* L'état civil et les actes de l'état civil. *Le mariage.* — *Conventions matrimoniales :* exposé des divers régimes matrimoniaux. — *La puissance paternelle*, la minorité, *la tutelle* et l'émancipation.

2. *Le régime des biens.* — Diverses classes de biens. — La propriété. — Les modes de transfert de la propriété. Les servitudes, l'*usufruit.*

3. *Les successions, les donations et les testaments.* — — Successions *ab intestat.* — Testaments. — Donations entre vifs, *donations entre époux*, *partages d'ascendants.* — Limites apportées à la liberté de tester ou de donner.

4. *Des obligations.* — Les contrats et la liberté des conventions. — Responsabilité à raison d'actes ou de négligences volontaires et dommageables à autrui. — Notions sur les différents contrats. — Les sûretés réelles et le régime hypothécaire : *l'hypothèque légale des femmes mariées.*

III. Notions d'Organisation judiciaire.

Juridictions civiles et répressives. Juridictions commerciales. Tribunaux administratifs. — Composition, fonctionnement et compétence des diverses juridictions.

IV. Notions de Droit commercial.

Les commerçants. — Les sociétés de commerce. — La lettre de change, le billet à ordre et le chèque.

V. Notions générales sur l'Administration.

Les grands services de l'État : impôts et finances, armée, instruction publique. — Tableau d'ensemble de l'administration départementale et communale.

ÉCONOMIE DOMESTIQUE.

(Une heure par semaine pendant un semestre.)

Introduction.

Du rôle de la femme dans la famille : sa part dans l'administration de la maison.

Nécessité de l'ordre, de la prévoyance et de l'économie. — Emploi du temps.

De l'habitation. — Choix et disposition de l'habitation.

De l'ameublement et des vêtements. — Entretien du mobilier, des étoffes et du linge. — Raccommodage.

Emploi des machines à coudre.

Lessive et repassage.

Des achats en général. — Provenance des principaux objets de consommation usuelle ; époques auxquelles il convient de faire les achats.

De l'alimentation. — Ordre et composition des repas. — Notions élémentaires de cuisine.

Gouvernement de la maison. — Choix et surveillance des serviteurs.

Choix et direction du personnel dans les maisons nombreuses, les exploitations agricoles ou industrielles, les maisons de campagne, etc.

Comptabilité du ménage. — Budget des recettes et des dépenses. — Dépenses nécessaires. — Dépenses inutiles. — Livres à tenir. — Epargne; assurances sur la vie.

Du luxe; ses dangers. — Du goût dans la tenue de la maison. — Dignité du foyer domestique.

PHYSIQUE ET CHIMIE.

(Deux heures par semaine.)

1° Physique.

(Une heure par semaine.)

Magnétisme.

Aimants naturels et artificiels. — Pôles. — Attractions et répulsions.

Action directrice de la terre sur les aimants. — Méridien magnétique. — Déclinaison. — Boussole de déclinaison.

Procédés d'aimantation.

Électricité.

Production de l'électricité par le frottement. — Corps conducteurs. — Corps isolants. — Attractions et répulsions.

Électrisation par influence. — Electroscopes.

Pouvoirs des pointes.

Machine électrique. — Effets.

Condensateur. — Bouteille de Leyde.

Électricité atmosphérique. — Éclairs. — Tonnerre. — Effets de la foudre. — Paratonnerre.

Pile électrique. — Principales piles. — Effets calorifiques, chimiques et lumineux du courant électrique. — Galvanoplastie. — Éclairage électrique.

Action du courant sur l'aiguille aimantée. — Galvanomètre.

Aimantation par courant. — Électro-aimants. — Télégraphe électrique. — Téléphone.

Optique.

Propagation de la lumière. — Ombre. — Pénombre.

Réflexion de la lumière. — Propriétés des miroirs plans et courbes établies expérimentalement.

Réfraction de la lumière. — Prisme. — Réflexion totale, chambre claire.

Propriétés des lentilles établies expérimentalement.

Décomposition et recomposition de la lumière. — Spectre solaire. — Arc-en-ciel.

Chambre noire. — Œil. — Loupe. — Microscope. — Lunette terrestre. — Lorgnette de spectacle.

2° Chimie.

(Une heure par semaine.)

Revision. (*Voir* page 50.)

Notions générales sur la combinaison chimique.

Composés oxygénés de l'azote. — Ammoniaque.

Acides sulfureux, sulfurique, sulfhydrique.

Oxyde de carbone. — Acide carbonique. — Les trois carbures d'hydrogène gazeux fondamentaux. — Gaz d'éclairage.

Potasse. — Soude. — Sel marin. — Poudre.

Chaux et ses sels. — Alumine : poteries. — Verres.

Fer. — Zinc. — Cuivre. — Plomb. — Argent. — Mercure.

Composition élémentaire des matières organiques. — Analyse et synthèse.

Classification d'après la fonction chimique.

Notions sommaires sur :

Les carbures d'hydrogène ;

Les alcools (alcool ordinaire et éthers) ; — les fermentations (vin, bière, cidres) ; — la glycérine ; les corps gras neutres ;

Les sucres, l'amidon, les corps ligneux, le papier;
Les aldéhydes (essence d'amandes amères, camphre);
Les acides (acides volatils, acides fixes, acides gras);
Les alcalis végétaux et animaux; — les amides; — les principes albuminoïdes.

GYMNASTIQUE.

Voir, page 44, le programme commun à la *Quatrième année* et à la *Cinquième année*.

2° COURS FACULTATIFS.

LITTÉRATURES ANCIENNES.

Le programme de ce cours, qui doit continuer et compléter celui de la Quatrième année, est proposé par le professeur et approuvé par la Directrice.

ÉLÉMENTS DE LA LANGUE LATINE.

Le programme de ce cours, qui doit continuer et compléter celui de la Quatrième année, est proposé par le professeur et approuvé par la Directrice.

GÉOGRAPHIE ÉCONOMIQUE.

(Une heure par semaine.)

Géographie économique des cinq parties du monde.

1° *Afrique, Asie, Océanie et Amérique.*—Populations, émigrations.

Colonies européennes.

Productions les plus importantes de l'agriculture, des mines, de l'industrie. Voies de communication. Commerce.

2° *Europe.* — Agriculture. Mines. Industrie. Commerce. Voies de communication fluviales, continentales et maritimes.

Superficie comparée des Etats. Leurs principales productions.

Densité des populations.

3° *France.* — Agriculture : zones, régions agricoles,

rapports de l'agriculture avec la géologie et le climat. Productions.

Industries. Mines. Carrières. Les grandes industries françaises. Voies de communication : canaux, routes, chemins de fer. Postes et télégraphes. Population : densité; mouvement. Influence de l'état physique ou économique des régions sur le groupement de la population. Description économique de l'Algérie et des colonies françaises. Relations avec la métropole.

MATHÉMATIQUES.

(Deux heures par semaine.)

Revision des théories d'arithmétique et d'algèbre données pendant l'année précédente.

Géométrie dans l'espace et Courbes usuelles.

Plan. — Droites et plans parallèles.

Droites et plans perpendiculaires. — Angles dièdres. — Plans perpendiculaires.

Angles polyèdres.

Des polyèdres.

Les prismes.— Le parallélépipède. — La pyramide.

Les corps ronds.

Cylindre. — Cône. — Sphère.

Symétrie et similitude.

Ellipse. — Définition et tracé. — Parabole. — Hyperbole.

Cosmographie.

Sphère céleste. — Mouvement diurne. — Détermination de la longitude et de la latitude d'un lieu. — Mesure du temps. — Jour sidéral.

Déplacement du soleil sur la sphère céleste. — Écliptique. — Zodiaque. — Équinoxes. — Solstices.

Temps solaire vrai et moyen.

Inégalité des jours et des nuits. — Saisons. — Climats. — Zones.

Année tropique. — Année civile. — Calendrier. — Corrections julienne et grégorienne.

De la lune.

Phases. — Lumière cendrée.
Notions sur les éclipses. — Marées.
Planètes. — Lois de Képler. — Gravitation universelle. — Étoiles doubles.

PHYSIOLOGIE ANIMALE ET VÉGÉTALE.

(Deux heures par semaine pendant toute l'année.)

Pendant le cours facultatif de la Cinquième année, les divers groupes du règne animal et du règne végétal pourront être étudiés dans leur organisation, leur développement et leurs fonctions, au double point de vue de leurs caractères communs et de leurs différences.

Des classifications zoologiques et botaniques (La classe, la famille, le genre, l'espèce, la variété.)

On pourra compléter ces leçons de morphologie et de biologie comparée par l'étude de quelques animaux et plantes fossiles correspondant aux diverses périodes géologiques.

DESSIN.

(Trois heures par semaine.)

Dessin d'après le plâtre. Dessin d'après la nature pour les fleurs. Composition d'ornement. — Céramique, éventails, étoffes, broderies, meubles.

DIPLOME DE FIN D'ÉTUDES.

A la fin de la Cinquième année des cours de l'Enseignement secondaire des jeunes filles, il est délivré un *Diplôme de fin d'études* aux élèves qui subissent avec succès un examen, portant, pour les *épreuves écrites*, sur les matières des cours de la Quatrième et de la Cinquième année, et, pour les *épreuves orales*, sur l'ensemble des matières obligatoires et sur celles des matières facultatives désignées par l'aspirante (deux au moins)[1].

1. Voir, page XXV, l'arrêté du 28 juillet 1882, relatif à la délivrance de ce diplôme.

COURS SUPPLÉMENTAIRE

(Une Année.)

SIXIÈME ANNÉE

Une troisième année peut être ajoutée à la deuxième période; elle représente la *Sixième année* du cours normal des études de l'Enseignement secondaire des jeunes filles, et a pour objet de *préparer à des écoles ou à des carrières spéciales*[1].

1. « Il a paru superflu d'en arrêter dès à présent le programme. » *Extrait du Rapport de M. Marion,* page XIII.

TABLE DES MATIÈRES

1° DOCUMENTS OFFICIELS.

2° PROGRAMMES D'ENSEIGNEMENT.

PREMIÈRE PÉRIODE.

Première Année.

Deuxième Année.

Troisième Année.

DEUXIÈME PÉRIODE OU COURS SUPÉRIEUR.

Quatrième Année.

1° COURS OBLIGATOIRES.

2° COURS FACULTATIFS.

Cinquième Année.

1° COURS OBLIGATOIRES.

2° COURS FACULTATIFS.

COURS SUPPLÉMENTAIRE.

Paris. — Imprimerie DELALAIN, rue de la Sorbonne, 1 et 3.

LITTÉRATURE ÉTRANGÈRE

DEMOGEOT. *Histoire des littératures étrangères.* 2 vol. in-16. 8 fr.

LANGUE ALLEMANDE

KOCH (L.). *Cours primaire d'allemand*, in-16. 2 fr.
DESFEUILLES. *Abrégé de grammaire allemande*, in-16. 1 fr. 50
SUCKAU (Fix) *Dictionnaire allemand-français et français-allemand*, in-8°, cartonné. 15 fr.
BRAEUNIG et **DAX.** *Exercices pratiques de langue allemande.* 2 vol. in-16. 3 fr.
LÉVY (B.). *Exercices de conversation allemande.* 3 vol. in-16. 6 fr.
SCHERDLIN. *Morceaux choisis d'auteurs allemands.* 4 vol. in-16. 3 fr. 50

LANGUE ANGLAISE

FLEMING. *Cours complet de grammaire anglaise*, in-8°, cart. 3 fr.
— *Abrégé de grammaire anglaise*, in-16. 1 fr. 25
BELJAME (Al.). *1re et 2e année d'anglais.* 2 vol in-16. 2 fr. 75
— *Cours pratique de prononciation anglaise*, in-8°. 2 fr.

LANGUE LATINE

BRÉAL (Michel). *Leçons de mots.* 2 vol. in-16. 3 fr. 75
PRESSARD. *Premières leçons de latin*, notions de grammaire élémentaire, accompagnées d'exercices oraux de thèmes et de versions, in-16. 2 fr. 50

HISTOIRE GÉNÉRALE

DURUY (V.). *Petite histoire générale*, in-18. 1 fr.
— *Abrégé d'histoire universelle*, in-16. 4 fr.
PREVOST-PARADOL. *Essai sur l'histoire universelle.* 2 vol. in-16. 7 fr.

HISTOIRE NATIONALE

DURUY (V.). *Histoire de France.* 2 vol. in-16, cartonnés. 8 fr. 50
— *Histoire grecque*, in-16, cartonné. 4 fr. 25
— *Histoire romaine*, in-16, cartonné. 4 fr. 25
— *Histoire du moyen âge*, in-16, cartonné. 4 fr. 25
— *Histoire des temps modernes*, in-16, cartonné. 4 fr. 25
DURUY (G.). *Petite histoire sommaire de la France*, in-16, cartonné. 2 fr. 50
DUCOUDRAY. *Histoire contemporaine*, de 1789 à la Constitution de 1875, in-16. 6 fr.
LACOMBE. *Petite histoire du peuple français*, in-16. 1 fr. 25
MASPERO. *Histoire ancienne des peuples de l'Orient*, in-16. 5 fr.

MORALE

FRANCK. *Morale*, in-16. 1 fr. 50

GÉOGRAPHIE

CORTAMBERT. *Cours de géographie*, in-16, cart. 4 fr. 25

GÉOGRAPHIE ÉCONOMIQUE

CORTAMBERT. *Géographie*, physique, politique, administrative et économique de la France, in-16. 3 fr.

COSMOGRAPHIE

PAPE-CARPANTIER (Mme). *Éléments de cosmographie*, in-16. 2 fr. 50
GUILLEMIN. *Éléments de cosmographie*, in-16. 3 fr. 50
REY (Mme). *Simples entretiens sur la physique et la cosmographie*, in-16. 1 fr. 25

CALCUL ET ARITHMÉTIQUE

PAPE-CARPANTIER (Mme). *Arithmétique, système métrique, géométrie*, in-16. 2 fr.
BROUARD et **GAILLARD**. *Leçons de calcul*, in-16. 1 fr. 80
MAIRE. *Arithmétique élémentaire*. 2 vol. in-16. 2 fr. 30
RITT. *Nouvelle arithmétique*, in-16. 1 fr. 50
TARNIER. *Applications de l'arithmétique*, in-16. 2 fr.
PICHOT. *Éléments d'arithmétique*, in-16. 2 fr. 50

GÉOMÉTRIE

BOS. *Géométrie élémentaire*. 1 vol. in-16, avec figures. 2 fr.
SONNET. *Premiers éléments de géométrie*, 2 vol. in-16. 2 fr. 50

HYGIÈNE

PÉCAUT (Dr Elie). *Cours d'hygiène* 1 vol. in-16. 2 fr.
MEUNIER (Mme). *Entretiens familiers sur l'hygiène*, in-16. 1 fr. 25

PHYSIQUE ET CHIMIE

PRIVAT-DESCHANEL. *Premières notions de physique*, in-16. 2 fr. 50
— *Premières notions de chimie*, in-16. 1 fr. 25
PAPE-CARPANTIER (Mme). *Hygiène, physique et chimie*, in-16. 2 fr.

ÉCONOMIE DOMESTIQUE

WIRTH (Mlle). *La future ménagère*. 1 vol. in-16. 1 fr. 80

PHYSIOLOGIE ANIMALE ET VÉGÉTALE

BAILLON. *Anatomie et physiologie végétales*, in-8°. 5 fr.
PERRIER. — — *animales*, in-8°. 8 fr.

HISTOIRE NATURELLE

GERVAIS. *Cours élémentaire d'histoire naturelle*. 2 vol. in-16 comprenant la zoologie, la botanique et la géologie. 6 fr.

ÉCRITURE

MANOURY. *Méthode d'écriture*, d'après les procédés du calque et de l'imitation, 12 cahiers gradués, in-4° couronne. Chaque cahier. 09 c.

DESSIN

D'HENRIET. *Cours de dessin*. 3 albums et 3 volumes. 26 fr.

MUSIQUE VOCALE

COLLIN (Mlle). *Méthode élémentaire chorale et rythmique*, in-4°. 7 fr.
— *Récréations chorales*, in-8°. 1 fr. 50
PAPIN. *Méthode de musique vocale*. 3 parties, in-8°. Chaque partie. 1 fr.
— *Solfèges classiques*. 2 parties in-8°. Chaque partie. 1 fr.

Paris. — Imp. E. Capiomont et V. Renault, rue des Poitevins, 6.

www.ingramcontent.com/pod-product-compliance
Lightning Source LLC
LaVergne TN
LVHW020031170826
845678LV00001B/213

* 9 7 8 2 3 2 9 7 2 9 4 2 8 *